日本語能力試験対策問題集

JLPT 文字・語彙 N5 ポイント&プラクティス

本田ゆかり・前坊香菜子・菅原裕子・関裕子　著

スリーエーネットワーク

Published by 3A Corporation.
Trusty Kojimachi Bldg., 2F, 4, Kojimachi 3-Chome, Chiyoda-ku, Tokyo 102-0083, Japan

ISBN978-4-88319-928-0 C0081

First published 2023
Printed in Japan

はじめに

「JLPT ポイント＆プラクティス」シリーズ

日本語能力試験（Japanese-Language Proficiency Test）は、日本語を母語としない人の日本語能力を測定し認定する試験です。日本語の能力を証明する手段として、進学・就職・昇給昇格・資格認定など様々な場面で活用されており、日本語能力試験合格は多くの学習者の目標になっています。

日本語能力試験は2010年に、受験者やその目的の多様化、活用の場の広がりなどを受けて、「課題遂行のための言語コミュニケーション能力」を測る試験として内容が大きく変わりました。しかし、膨大な言語知識を学び、その運用力を高めることは簡単ではありません。中でも非漢字圏の出身者や、勉強時間の確保が難しい人にとっては、合格までの道のりは非常に困難なものであることが少なくありません。

本シリーズは、受験者の皆さんが、試験に必要な最低限の力を短期間で身につけ、合格に近づけるよう考えられた対策問題集です。厳選された学習項目について問題を解きながら理解を深め、力をつけることを目指します。

本書では、N5レベルの「文字・語彙」を学びます。

本書の特長

①最重要語彙を厳選

②語彙と漢字が効率よく一緒に学べる

③解説付きで独習にも最適

本書は、著者の研究成果やことばのデータベースを統計分析した結果に基づき、試験に出されやすい語彙を厳選しています。その中でも汎用性の高い語彙を取り上げましたので、試験対策のみならず広い意味での語彙力の強化にも役立つ一冊となっています。漢字は取り上げた語彙に使われる漢字を一緒に学ぶので、漢字が苦手な学習者にも負担が軽く、効率よく学習を進めることができます。問題は、本試験と同じ形式の良質な練習問題で、わかりやすい解説が付いています。翻訳も付いており、独習教材としても最適です。最重要ポイントをまとめた本書を、役立てていただければ幸いです。

2023年10月　著者

目次

日本語能力試験N5「文字・語彙」の紹介

●試験のレベル

初級　N5　N4　N3　N2　N1　上級

日本語能力試験は、N5 ～ N1 の 5 レベルです。

N5 は、「基本的な日本語をある程度理解することができる」かどうかを測ります。

● N5 の試験科目と試験時間

科目	言語知識（文字・語彙）	言語知識（文法）・読解	聴解
時間	20 分	40 分	30 分

● N5 の「文字・語彙」問題

	大問	小問数	ねらい
1	漢字読み	7	漢字で書かれた語の読み方を問う
2	表記	5	ひらがなで書かれた語が、漢字・カタカナでどのように書かれるかを問う
3	文脈規定	6	文脈によって意味的に規定される語が何であるかを問う
4	言い換え類義	3	出題される語や表現と意味的に近い語や表現を問う

「小問数」は毎回の試験で出題される小問数の目安で、実際の試験での出題数は多少異なる場合があります。また、「小問数」は変更される場合があります。

● N5の得点区分と合否判定

得点区分	得点の範囲	基準点	合格点／総合得点
言語知識（文字・語彙・文法）・読解	0 ～ 120点	38点	80点／180点
聴解	0 ～ 60点	19点	

総合得点は180点で、80点以上で合格です。ただし、「言語知識（文字・語彙・文法）・読解」「聴解」の得点区分でそれぞれ38点以上、19点以上必要です。総合得点が80点以上でも、「言語知識（文字・語彙・文法）・読解」で37点以下、または「聴解」で18点以下だと不合格です。

日本語能力試験公式ウェブサイト（https://www.jlpt.jp/）より抜粋

詳しい試験の情報は、日本語能力試験公式ウェブサイトでご確認ください。

この本をお使いになる方へ

1. 目的

厳選された語彙と漢字を覚え、試験合格に必要な最低限の力を身につける。

2. 構成

①本冊

●問題パート

問題は全て本試験形式の問題になっています。順番は以下のとおりです。

1. 文脈規定：文を読んで（　　）の中に当てはまることばを選ぶ問題です。
2. 言い換え類義：例文と大体同じ意味になる文を選ぶ問題です。
3. 漢字読み：漢字の読み方を選ぶ問題です。
4. 表記：カタカナや漢字の表記を選ぶ問題です。

まず問題を解いてみて、どのぐらいのことばや漢字を知っているか確認してみましょう。

●模擬試験

本試験1回分の模擬試験です。本書で学習したことばと漢字が使われています。時間（20分）を測って、どのぐらいできるか試してみましょう。

●リストパート

リストパートには、「ことば」と「漢字」のリストがあります。ことばリストには、その回で覚えることばと、その翻訳と例文が載っています。漢字リストにはその回で覚える漢字と、その漢字を使ったことばが載っています。漢字の読みは、カタカナで音読みを、ひらがなで訓読みを示しました。問題を解いた後に確認して、わからないことばがあればよく覚えておきましょう。また、全部で5回の「まとめ」ページがあります。ここでは同じカテゴリーのことばを取り上げました。対応する問題はありませんが、大事なことばですから、整理して覚えるといいでしょう。

②別冊

●解答・解説

問題の答えと解説は、別冊になっています。正答の文と、N5レベルを受験する学習者のみなさんにとって難しいことばや説明には翻訳も付けてありますので、解説を読みながら自分で勉強を進めることもできます。問題1・2の解説では、選択肢が「て形」や「た形」などの場合に、「ます形」も示しています。意味の確認などに役立ててください。問題4の解説では、本書では扱っていないけれども、N5レベルで知っておいた方が良い漢字も紹介しています。ぜひ、活用してみてください。

3. 凡例

【リスト】　I II III　動詞のグループ　　➜　リスト参照先

⊜　似た意味の言葉　　⇔　反対の意味の言葉　　➲　関係のある言葉

【別　冊】　➜　リスト参照先　　✦　補足説明

4. 表記

リストパートでは、常用漢字表（2010年11月）にあるものは漢字で表記し、全ての漢字にふりがなをつけました。ただし、著者の判断でひらがな表記にしたほうがいいと思われるものは例外としてひらがなにしてあります。

問題パートでは、実際のN5の試験問題と同様に、問題3・4の漢字の問題を除き、すべてひらがなで表記しています。

5. 独習の進め方、学習時間

まず、問題を先にやってみましょう。1回分の問題は、10分程度で解けるように練習してみてください。次に、解答・解説を見て答えをチェックし、最後に、リストを見ながらことばの意味や使い方、漢字の書き方や読み方について詳しく見てみましょう。つまり、**問題→解答・解説→リスト**という順番で進みます。リストが後ろについているのはそのためです。リストは話題や場面ごとにことばがまとまっていますので、ことばがその話題や場面の中でどんな例文といっしょに使われるのか考えたり、似た意味や反対の意味のことばなどを関連付けたりしながら覚えていくと効果的です。

しかし、もし問題が難しすぎると感じたら、リストを先に見て覚えてから、問題を解いてみるという順番で進めてもいいでしょう。その場合は、**リスト→問題→解答・解説**という順番で見ていきます。

For users of this book

1. Purpose

To memorize the carefully selected vocabulary and *kanji* in this book so as to acquire the minimum skill-set needed to pass the examination.

2. Structure

①Main textbook

●Questions part

All questions are in the same format as the actual test. The order is as follows.

1. Contextually-defined expressions: Questions where you read the text and select the word that fits in the brackets (　).
2. Paraphrases: Questions where you select the sentence that has roughly the same meaning as the example sentence.
3. *Kanji* readings: Questions where you select the correct reading of the *kanji*.
4. Orthography: Questions where you select the *katakana* or *kanji* word from the *hiragana* reading.

First have a go at the questions, and check how many words and *kanji* you know.

●Mock test

A mock examination question set, with the same number of questions as in the actual examination, which uses words and *kanji* studied in this text book. Spend 20 minutes on it and see how well you do.

●List part

This part comprises lists of ことば and 漢字(かんじ). The word list includes the words you need to learn for that lesson, and translations and example sentences for these words. In the *kanji* lists are *kanji* to be memorized in this lesson and words using these *kanji*. For *kanji*, *katakana* are used for *onyomi* and *hiragana* for *kunyomi* readings. Check after you have answered the questions, and memorize any words you do not understand. In addition, there are five まとめ pages. These are collections of words in the same category. There are no corresponding questions for these words in the questions part, but they are important words, so you should learn them.

②Annex

●Answers and explanations

The answers to the questions and related explanations are given in the Annex. Because translations are also included for answer sentences and for more difficult words for students taking N5-level examinations, you can continue studying independently reading the explanations. In the explanations for Questions 1 and 2, when the choices are the "て-form", the "た-form" etc., the "ます-form" is also shown. Please use this to help you confirm the meaning. The explanation for Question 4 introduces *kanji* that are not actually covered in this book but are useful to know for the N5 level. Be sure to make use of this option.

3. Explanatory notes

[List] I II III Verb group ➔ References
⊜ Words with similar meanings ⇔ Words with the opposite meaning
➲ Words that are related
[Annex] ➔ References ✦ Further explanations

4. Orthography

The list part is written using *kanji* in the national list of Chinese characters in common use (as of November 2010), with *furigana* (*kana* showing pronunciation) included for all *kanji*. However, exceptionally, *hiragana* are used in cases where the authors believe they would be more appropriate.

In the questions part, just like in the actual N5 exam questions, all questions are written in *hiragana* except for the *kanji* questions in Questions 3 and 4.

5. Promoting self-study, and time allocation

Go over the questions first. Try to be able to answer questions in each lesson in around 10 minutes. Next, check the answers while looking at the explanations, and finally, while going over the list, try to look carefully at the meaning and usage of words, and the way *kanji* are written and read. In other words, you should follow the order Questions → Answers and explanations → List. That is why the list is at the end. It groups words for specific topics and scenarios. In the memorization process, it is helpful to consider what example sentences the word is used in for what topic and scenario, and to relate it to words with similar or opposite meanings.

However, if you feel that a question is too difficult, it is also okay to go through the list first and then try to answer the questions. If you do that, you should follow the order List → Questions → Answers and explanations.

致本书使用者

1. 编写目的

记住严格筛选的词汇和汉字，具备通过考试所需的最低限度的能力。

2. 内容结构

①本冊

●试题篇

所有问题题型与正式考试相同。顺序如下。

1. **前后关系**：读句子，选择合适的词语填入（　）中。
2. **近义替换**：选择与例句意义大致相同的选项。
3. **汉字读法**：选择汉字的读音。
4. **汉字书写**：选择片假名或者汉字书写。

首先做题，来检测自己掌握了多少个词汇或者汉字。

●模拟题

相当于正式考试一次考试的题量。考查的是本书学习过的词汇和汉字。计时（20 分钟）看看自己能答对多少道题。

●知识点列表篇

知识点列表篇有“ことば”和“漢字（かんじ）”列表。词汇列表中标明了各课学习的词语和该词语的译文及例句。汉字列表列有本课需要记忆的汉字以及由该汉字构成的词语。用片假名标记汉字的音读方式，用平假名标记汉字的训读方式。做完题后请自己核对，如果有没有学习过的词语请好好记住。另外，总共有 5 次“まとめ”，汇总了相同类别的词语。虽然没有对应的练习题，但是都是重要词语，因此最好整理到一起记住。

②別冊

●答案・解析

答案・解析放在别册中。正确答案的句子以及对于参加 N5 级考试的学习者来说难度较大的词汇也都附有译文，所以大家可以边阅读解析边自学。在练习 1 和练习 2 的解析中，如果选项是“て形”“た形”等形式的话，为了便于查找词语语义也列出了该动词的“ます形”。虽然本书中没有学习过，但是 N5 级别应该了解的汉字，是在第 4 大题的解析中列明的。请大家一定好好使用。

3. 范例

【列表】 Ⅰ Ⅱ Ⅲ 动词的分类　　➔ 参考页码

　　　⊜ 近义词　　⇔ 反义词　　➲ 关联词

【别册】 ➔ 参考页码　　✧ 补充说明

4. 书写规则

在列表部分，常用汉字表（2010 年 11 月版）中收录的汉字全部用汉字书写，所有汉字都标记了读音假名。但是作为例外情况，作者认为应该用平假名书写的地方是用平假名书写的。

在试题篇，和 N5 真题相同，除了考查汉字的第 3、4 大题以外，其余全都是用平假名书写的。

5. 自学学习方法、学习时间安排

首先做试题。一课的试题请用 10 分钟左右解答。然后阅读答案・解析核对答案。最后阅读知识点列表，详细学习词汇的意义和用法、汉字的写法和读法等。也就是说，按照“**试题→答案・解析→知识点列表**”这一顺序推进学习。因此，知识点列表放在了后面。知识点列表按照话题和使用场景分类归纳，边记忆边思考该词汇在相关话题或者场景中会应用在什么样的例句中、或者该词汇的近义词和反义词是什么等等，这样学习才有效果。

但是，如果感觉试题难度过大的话，也可以先阅读、记忆知识点列表，然后解答试题。这样的话，也就是按照“**试题→答案・解析→知识点列表**”这一顺序推进学习。

Dành cho người dùng sách này

1. Mục đích

Ghi nhớ các từ vựng và Hán tự đã được tuyển chọn, đạt được năng lực tối thiểu cần thiết để thi đậu.

2. Cấu trúc

①Sách chính

●Phần câu hỏi

Toàn bộ bài tập đều có cùng dạng thức với đề thi thật. Thứ tự như sau.

1. **Cách diễn đạt tùy vào văn cảnh:** Là bài tập đọc câu văn rồi điền từ thích hợp vào (　).
2. **Cách diễn đạt gần nghĩa:** Là bài tập chọn câu có nghĩa tương tự với câu mẫu.
3. **Cách đọc Hán tự:** Là bài tập chọn cách đọc Hán tự.
4. **Ký tự:** Là bài tập chọn cách viết của katakana hoặc Hán tự.

Trước hết bạn hãy giải thử các câu hỏi để kiểm tra xem mình biết được bao nhiêu từ vựng và Hán tự.

●Bài thi thử

Bài thi thử dài bằng một bài thi thật, trong đó có các từ vựng và Hán tự bạn đã học trong sách này. Hãy canh thời gian (20 phút) và làm thử, xem mình giải được đến đâu.

●Phần danh mục

Trong phần này có danh mục "ことば" và "漢字(かんじ)". Danh mục từ vựng in những từ vựng sẽ học trong bài đó, kèm bản dịch và câu mẫu. Còn ở danh mục Hán tự là các Hán tự bạn vừa học trong bài, cùng với những từ vựng có sử dụng các Hán tự đó. Về âm đọc của Hán tự, âm On được ghi bằng katakana và âm Kun được ghi bằng hiragana. Sau khi giải xong các câu hỏi hãy kiểm tra lại, nếu có từ nào chưa hiểu thì ghi nhớ thật kỹ. Ngoài ra còn có tổng cộng 5 lần "まとめ". Các từ ngữ cùng hạng mục được đề cập trong đó. Tuy không có bài tập tương ứng nhưng đây đều là những từ vựng quan trọng nên bạn hãy sắp xếp và học thuộc chúng.

②Phụ lục

●Đáp án và giải thích đáp án

Đáp án và giải thích đáp án được in ở Phụ lục. Các câu trả lời đúng và từ vựng khó đối với người học ôn thi trình độ N5 được in kèm bản dịch nghĩa, nên bạn có thể vừa đọc phần giải thích đáp án vừa tự mình học tiếp. Ở phần giải thích đáp án của Bài tập 1 và 2, nếu các lựa chọn đang là "**thể** て" hoặc "**thể** た" v.v. thì "**thể** ます" cũng sẽ được nêu ra. Hãy tận dụng nó để kiểm tra nghĩa v.v.

Trong phần giải thích đáp án của Bài tập 4 có giới thiệu những Hán tự tuy không được sách này đề cập đến nhưng lại nên biết ở trình độ N5. Rất mong bạn tận dụng được chúng.

3. Chú thích

4. Ký tự

Ở phần Danh mục, những từ có trong bảng Hán tự thông dụng (11/2010) được thể hiện bằng Hán tự. Toàn bộ Hán tự đều được phiên âm. Tuy nhiên, những chỗ tác giả cho rằng ghi bằng hiragana dễ hiểu hơn thì được xem như ngoại lệ và thể hiện bằng hiragana.

Trong phần câu hỏi, ngoại trừ các câu hỏi về Hán tự trong Câu hỏi 3 và 4, tất cả đều được phiên âm bằng hiragana, tương tự như đề thi N5 thực tế.

5. Cách tự học, thời gian học

Trước hết hãy thử giải các câu hỏi. Cố gắng luyện tập để có thể giải phần câu hỏi của một bài trong khoảng 10 phút. Tiếp theo là xem phần Đáp án và giải thích đáp án để kiểm tra câu trả lời. Cuối cùng, vừa tham khảo phần danh mục vừa xem kỹ ý nghĩa, cách dùng của từ vựng cũng như cách đọc, cách viết của Hán tự. Tóm lại là đi theo thứ tự: Câu hỏi → Đáp án và giải thích đáp án → Danh mục. Phần danh mục được đặt ở phía sau sách là vì mục đích đó. Vì trong Danh mục, từ vựng được tổng hợp theo từng chủ đề hoặc tình huống, nên sẽ rất hiệu quả nếu bạn vừa học vừa suy nghĩ xem từ vựng được dùng với câu ví dụ như thế nào trong chủ đề, tình huống đó, hay là liên kết từ vựng với từ cùng nghĩa, từ trái nghĩa.

Tuy nhiên, nếu bạn cảm thấy có câu hỏi nào quá sức mình thì cũng có thể tiến hành học theo thứ tự xem Danh mục trước để nhớ rồi mới giải câu hỏi. Trong trường hợp này, thứ tự học sẽ là: Danh mục → Câu hỏi → Đáp án và giải thích đáp án.

この本をお使いになる先生へ

1. 教室授業の進め方、学習時間

本書では、はじめから試験形式の問題を解き、後で語彙や漢字をリストで確認します。このように進めると、試験のような緊張感のなかで習ったことばを思い出そうとし、知らないことばには特に注意を向けますので、既有知識の整理、知らない語彙や漢字への気づき、理解、記憶がスムーズに進みます。

学習時間は、各回を45分程度で進めていくことを想定していますが、学習者の学習速度や理解度に合わせて調整してください。問題とリストの確認を宿題にして、教室では必要な部分に絞って説明を加えるという使い方をすれば、1回を20分程度の短時間で行うこともできます。

●問題を解く（目安：10分程度）

時間を測って問題を解きます。問題は基本的にN5レベル程度の易しい語彙・漢字に制限されているので、N5の受験を目指す学習者であれば無理なく問題を解くことができるでしょう。

●解答・解説

次に、問題の解答をチェックし、解説をしていきます。この時、リストを参照しながらことばの意味や使い方を確認してもよいでしょう。

●リストで語彙・漢字項目とポイントを確認する

最後に、リストでその回で扱われた語彙や漢字のうち、既に知っている項目はどれか、また新しく学習したのはどれかをチェックして、それぞれの語の意味や使い方、漢字の書き方と読み方等を確認します。≒で紹介していることばは、類語辞典に出ているような意味がとても近いものだけではなく、意味の一部が似ていて日本語能力試験の言い換え類義の問題（本書の問題2）で出題される可能性があることばも含んでいます。それぞれの使い方も確認しておくといいでしょう。

2. 教える時のポイント

●リストで語彙知識の確認を行う際には、ターゲットとなる語に関連する類義語、反意語、コロケーション（一緒に使われやすいことば）、自動詞と他動詞等も、学習者が既に知っていることを中心に整理すると学習効果が高まります。漢字についても、その漢字が使われる既習語彙をまとめたりするとよいでしょう。リストで提示する語彙や漢字は、試験に出そうかどうかという基準のもとに厳選されており、テーマに沿った項目が網羅されているわけではありません。各回のテーマに関連する既習項目が他にあれば示し、学習者の知識のネットワーク作りを補助していくと、理解や記憶の強化につながります。

●リストパートには全部で５回分の「まとめ」ページがあります。既習の語彙を中心に、カテゴリーごとにまとまっていますので、効率的に学習することができます。「まとめ」ページに対応する問題はありませんが、ぜひ授業で扱ってみてください。

●動詞は、一緒に使う助詞にもフォーカスして指導しましょう。

●抽象度の高い語彙や、副詞や動詞等の意味や使い方の難しい語彙は、学習者の理解度に応じて例文を補ってください。例文は、ターゲット語以外は既習語彙で作成すると学習者にとって負担が軽く、理解しやすくなります。

このシリーズでは、学習に合わせて、忍者と一緒に日本各地を旅します。「文法」「文字・語彙」「読解」「聴解」を合わせて学習することで、日本一周ができます。
「文字・語彙」では「近畿・四国・中国地方」を旅します。

In this series, you will travel around Japan with a ninja as you learn. You can go around Japan as you study "grammar," "vocabulary," "reading," and "listening."
With the "vocabulary," you will travel to the Kinki, Shikoku and Chugoku region.

在本系列丛书，伴随着学习，大家和忍者一起到日本各地旅行。学完“语法”“文字・词汇”“阅读”“听力”可以游遍全日本。
在“文字・词汇”单册到“近畿・四国・中国地区”旅行。

Trong bộ sách này, bạn sẽ được cùng ninja đi du lịch các nơi trên nước Nhật tương ứng với việc học của mình. Bằng việc học đủ "Ngữ pháp", "Từ vựng", "Đọc hiểu", "Nghe hiểu", bạn sẽ được đi vòng quanh Nhật Bản.
Trong sách "Từ vựng", bạn sẽ chu du "khu vực Kinki, Shikoku và Chugoku".

問題（もんだい）パート

1 回目 自己紹介(じこしょうかい)を　しましょう

Introducing yourself
自我介绍
Giới thiệu bản thân

リスト　p.50

1. (　　　) に　なにが　はいりますか。いちばん　いい　ものを　ひとつ　えらんで　ください。

1) わたしは　ちゅうごくから　(　　　　)。

1　いました　　2　きました　　3　つとめました　　4　たべました

2) A「はじめまして。おなまえは？」
　B「タンです。(　　　　)。」

1　どうも　ありがとう　ございます　　2　どうぞ　よろしく　おねがいします
3　おやすみなさい　　4　わかりません

3) わたしは　だいがくで　(　　　　)　います。

1　きて　　2　すんで　　3　つとめて　　4　はたらいて

4) やまださんは　にほんごの　(　　　　)　です。

1　かいしゃ　　2　せんせい　　3　がっこう　　4　びょういん

5) にほんごは　(　　　　)　わかります。

1　あまり　　2　すこし　　3　ゆっくり　　4　とても

2. ＿＿＿の　ぶんと　だいたい　おなじ　いみの　ぶんが　あります。いちばん　いい　ものを　ひとつ　えらんで　ください。

1) <u>きょう　わたしの　かいしゃは　やすみです。</u>

1　きょう　がっこうは　やすみです。
2　きょう　しごとは　やすみです。
3　きょう　びょういんは　やすみです。
4　きょう　べんきょうは　やすみです。

2)　がっこうに　つとめて　います。

1　がっこうで　はたらいて　います。

2　がっこうで　べんきょうして　います。

3　がっこうで　あそんで　います。

4　がっこうで　あって　います。

3.　ひらがなで　どう　かきますか。ひとつ　えらんで　ください。

1)　わたしは　この　学校の　がくせいです。

1　がくこう　　2　がこう　　3　がっこう　　4　がんこう

2)　Ａびょういんは　大きい　びょういんです。

1　おきい　　2　おおきい　　3　たいきい　　4　だいきい

3)　せんせいに　会いました。

1　あいました　　2　いいました　　3　かいました　　4　もらいました

4.　どう　かきますか。ひとつ　えらんで　ください。

1)　にほんの　かいしゃで　はたらいて　います。

1　会社　　2　公社　　3　公司　　4　会司

2)　にほんごは　むずかしくないです。

1　日本語　　2　日本話　　3　日本言　　4　日本記

3)　これは　たいせつな　ほんです。

1　人切　　2　入切　　3　大切　　4　天切

2回目 家族を紹介しましょう

（かぞく／しょうかい）

Talking about your family
介绍家人
Giới thiệu gia đình

リスト p.51

1. （　　　）に　なにが　はいりますか。いちばん　いい　ものを　ひとつ　えらんで　ください。

1）わたしの　あねは　（　　　）です。

1　あたらしい　　2　ひろい　　3　ながい　　4　やさしい

2）おとうとと　いもうとは　（　　　）です。

1　かわいい　　2　ふるい　　3　あまい　　4　ながい

3）わたしの　（　　　）は　あにと　いもうとです。

1　りょうしん　　2　おじ　　3　きょうだい　　4　がくせい

4）おばと　いっしょに　（　　　）を　とりました。

1　しゃしん　　2　かいもの　　3　しつもん　　4　りょこう

5）ちちは　せが　（　　　）です。

1　とおい　　2　たかい　　3　ながい　　4　みじかい

2. ＿＿＿の　ぶんと　だいたい　おなじ　いみの　ぶんが　あります。いちばん　いい　ものを　ひとつ　えらんで　ください。

1）<u>これは　おじの　しゃしんです。</u>

1　これは　ちちの　あにの　しゃしんです。
2　これは　わたしの　あにの　しゃしんです。
3　これは　ははの　あねの　しゃしんです。
4　これは　あにの　かぞくの　しゃしんです。

2)　わたしは　あにと　おとうとが　います。

1　わたしは　りょうしんが　います。

2　わたしは　きょうだいが　います。

3　わたしは　おばが　います。

4　わたしは　いもうとが　います。

3.　ひらがなで　どう　かきますか。ひとつ　えらんで　ください。

1)　あには　せが　高いです。

1　たかい　　2　たあかい　　3　だかい　　4　だあかい

2)　わたしの　母は　やさしいです。

1　あに　　2　あね　　3　ちち　　4　はは

3)　ともだちの　お父さんに　あいました。

1　おかあさん　　2　おとうさん　　3　おじさん　　4　おばさん

4.　どう　かきますか。ひとつ　えらんで　ください。

1)　あねは　かみが　ながいです。

1　白い　　2　長い　　3　黒い　　4　広い

2)　ちちは　びょういんで　はたらいて　います。

1　人　　2　子　　3　父　　4　友

3 回目 家(いえ)を　紹介(しょうかい)しましょう

Talking about your house
介绍房间陈设
Giới thiệu nhà

リスト p.52

1.（　　）に　なにが　はいりますか。いちばん　いい　ものを　ひとつ　えらんで　ください。

1）となりの（　　　）に　ともだちが　すんで　います。

1　へや　　2　しごと　　3　かぞく　　4　がくせい

2）あたらしい（　　　）に　すみたいです。

1　プール　　2　アパート　　3　エレベーター　　4　シャワー

3）ここは　えきが　ちかくて、（　　　）です。

1　とおい　　2　やさしい　　3　べんり　　4　げんき

4）びょういんの（　　　）に　だいがくが　あります。

1　いえ　　2　まえ　　3　へや　　4　みち

5）わたしの　へやは　２（　　　）に　あります。

1　かい　　2　はい　　3　ふん　　4　まい

2. ＿＿＿の　ぶんと　だいたい　おなじ　いみの　ぶんが　あります。いちばん　いい　ものを　ひとつ　えらんで　ください。

1）<u>えきの　そばに　びょういんが　あります。</u>

1　えきの　なかに　びょういんが　あります。

2　えきの　そとに　びょういんが　あります。

3　えきの　ちかくに　びょういんが　あります。

4　えきの　うえに　びょういんが　あります。

2)　この　へやは　くらいです。

1　この　へやは　あかるくないです。

2　この　へやは　あたらしくないです。

3　この　へやは　ふるくないです。

4　この　へやは　せまくないです。

3.　ひらがなで　どう　かきますか。ひとつ　えらんで　ください。

1)　わたしの　アパートは　すこし　古いです。

1　うるい　　2　うるいい　　3　ふるい　　4　ふるいい

2)　がっこうは　近いですか。

1　ちかい　　2　とおい　　3　あかるい　　4　おおきい

3)　たなかさんの　へやは　広いですね。

1　くらい　　2　しろい　　3　せまい　　4　ひろい

4.　どう　かきますか。ひとつ　えらんで　ください。

1)　ここは　あかるいです。

1　赤るい　　2　明るい　　3　日るい　　4　月るい

2)　これは　わたしの　いえの　しゃしんです。

1　家　　2　車　　3　本　　4　母

3)　やまださんの　いえは　あたらしいです。

1　近しい　　2　新しい　　3　析しい　　4　折しい

4 回目　休み(やす)の　日(ひ)に　何(なに)を　しますか

What do you do on your day off?
节假日时做什么？
Làm gì vào ngày nghỉ?

リスト　p.54

1.（　　　）に　なにが　はいりますか。いちばん　いい　ものを　ひとつ　えらんで　ください。

1）ときどき　ピアノを（　　　）。

1　あいます　　2　すみます　　3　はたらきます　　4　ひきます

2）きょう　かいものに（　　　）。

1　います　　2　みます　　3　いきます　　4　つとめます

3）わたしは（　　　）スポーツを　しません。

1　あまり　　2　すこし　　3　ちょっと　　4　よく

4）あした　あねと　テニスを（　　　）。

1　あいます　　2　きます　　3　します　　4　たべます

5）きのう（　　　）で　100 メートル　およぎました。

1　エレベーター　　2　シャワー　　3　ギター　　4　プール

2.　＿＿＿の　ぶんと　だいたい　おなじ　いみの　ぶんが　あります。いちばん　いい　ものを　ひとつ　えらんで　ください。

1）<u>あしたは　しごとが　やすみです。</u>

1　あしたは　しごとに　いきます。
2　あしたは　しごとに　いきません。
3　あしたは　しごとを　します。
4　あしたは　しごとが　すくないです。

2)　まいにち　かぞくと　ばんごはんを　たべます。

1　いつも　かぞくと　ばんごはんを　たべます。

2　ときどき　かぞくと　ばんごはんを　たべます。

3　あまり　かぞくと　ばんごはんを　たべません。

4　ときどき　かぞくと　ばんごはんを　たべません。

3. ひらがなで　どう　かきますか。ひとつ　えらんで　ください。

1)　たなかさんが　来ました。

1　いきました　　2　かきました　　3　きました　　4　みました

2)　友だちと　プールに　いきます。

1　ともだち　　2　どもだち　　3　とうもだち　　4　どうもだち

3)　来月から　びょういんで　はたらきます。

1　あいげつ　　2　かいげつ　　3　ないげつ　　4　らいげつ

4. どう　かきますか。ひとつ　えらんで　ください。

1)　あしたは　やすみですか。

1　体み　　2　休み　　3　本み　　4　木み

2)　きのう　ぎんこうに　いきました。

1　作きました　　2　仕きました　　3　働きました　　4　行きました

5 回目 いつも 何(なに)を 食(た)べて いますか

What do you usually eat?
平时吃什么?
Thường ăn gì?

リスト p.55

1. （　　　）に　なにが　はいりますか。いちばん　いい　ものを　ひとつ　えらんで　ください。

1）わたしは　あさ　パンを　（　　　　）。

1　きます　　2　たべます　　3　のみます　　4　します

2）こうちゃに　さとうを　（　　　　）。

1　いきます　　2　いれます　　3　たべます　　4　きます

3）あさごはんは　パンと　（　　　　）と　どちらを　たべますか。

1　いえ　　2　しごと　　3　ごはん　　4　みず

4）にほんの　（　　　　）を　のみました。

1　おちゃ　　2　ごはん　　3　りょうり　　4　やさい

5）みずを　1（　　　　）　ください。

1　じ　　2　まい　　3　ぱい　　4　だい

2. ＿＿＿の　ぶんと　だいたい　おなじ　いみの　ぶんが　あります。いちばん　いい　ものを　ひとつ　えらんで　ください。

1）<u>あさごはんは　なんでしたか。</u>

1　あさ　なにを　たべましたか。

2　あさ　なにを　しましたか。

3　あさ　なんじに　おきましたか。

4　あさ　ごはんを　かいましたか。

2) おちゃを　ちょっと　のみました。

1　おちゃを　たくさん　のみました。

2　おちゃを　すこし　のみました。

3　おちゃを　いっしょに　のみました。

4　おちゃを　ゆっくり　のみました。

3. ひらがなで　どう　かきますか。ひとつ　えらんで　ください。

1) きょうの　夜　なにを　たべますか。

1　あさ　　2　ひる　　3　よる　　4　ばん

2) まいあさ　水を　のみます。

1　すい　　2　ずい　　3　みす　　4　みず

3) 夕食は　なんじからですか。

1　ゆうがた　　2　ゆうしょく　　3　ゆうはん　　4　ゆうひ

4. どう　かきますか。ひとつ　えらんで　ください。

1) 12じに　ひるごはんを　たべます。

1　昼ごはん　　2　日ごはん　　3　旦ごはん　　4　言ごはん

2) いっしょに　ごはんを　たべませんか。

1　食べません　　2　飲べません　　3　会べません　　4　今べません

3) こーひーを　のみましょう。

1　コーセー　　2　ローセー　　3　コーヒー　　4　ローヒー

6 回目 毎日(まいにち) 何(なに)を しますか

What do you do every day?
每天做什么？
Làm gì mỗi ngày?

リスト p.58

1. （　　　）に なにが はいりますか。いちばん いい ものを ひとつ えらんで ください。

1） まいにち シャワーを （　　　）。

1 あびます　2 いれます　3 おきます　4 よみます

2） きのう かぞくに でんわを （　　　）。

1 あいました　2 おきました　3 しました　4 みました

3） ゆうがた なんじに うちに （　　　）か。

1 おきます　2 かえります　3 ねます　4 のみます

4） わたしは あまり テレビを （　　　）。

1 きません　2 しません　3 ひきません　4 みません

5） ひるごはんの あとで、ほんを （　　　）。

1 いれます　2 おきます　3 よみます　4 すみます

2. ＿＿の ぶんと だいたい おなじ いみの ぶんが あります。いちばん いい ものを ひとつ えらんで ください。

1） しごとの あとで、プールに いきます。

1 しごとを しませんから、プールに いきます。
2 しごとを してから、プールに いきます。
3 しごとの まえに、プールに いきます。
4 しごとが やすみですから、プールに いきます。

2) ごご　5じに　かいものに　いきます。

1　ゆうがた　かいものに　いきます。

2　ごぜんに　かいものに　いきます。

3　あさって　かいものに　いきます。

4　5じかんごに　かいものに　いきます。

3. ひらがなで　どう　かきますか。ひとつ　えらんで　ください。

1) 日よう日　テニスを　します。

1　げつようび　　2　かようび　　3　どようび　　4　にちようび

2) ばんごはんの　前に、シャワーを　あびます。

1　まあい　　2　まあえ　　3　まい　　4　まえ

3) 午後　びょういんに　いきます。

1　あさ　　2　きょう　　3　ごご　　4　ごぜん

4. どう　かきますか。ひとつ　えらんで　ください。

1) きのう　えいがを　みました。

1　目ました　　2　見ました　　3　貝ました　　4　買ました

2) まいにち　にほんごを　べんきょうします。

1　毎日　　2　母日　　3　毎目　　4　母目

7回目 日本語を　勉強します

（にほんご／べんきょう）

Learning Japanese
学习日语
Học tiếng Nhật

リスト p.59

1. （　　　）に　なにが　はいりますか。いちばん　いい　ものを　ひとつ　えらんで　ください。

1）まいにち　かんじを　いつつ（　　　　）。

1　おぼえます　　2　きこえます　　3　わかります　　4　つとめます

2）にほんごが　あまり　わかりませんから、（　　　　）はなして　ください。

1　いつも　　2　すこし　　3　ときどき　　4　ゆっくり

3）よく　きこえませんから、（　　　　）こえで　いって　ください。

1　おおきい　　2　ちいさい　　3　むずかしい　　4　やさしい

4）わかりませんから、せんせいに（　　　　）します。

1　かいもの　　2　がくせい　　3　しごと　　4　しつもん

5）せんせいの　こえが（　　　　）か。

1　あいます　　2　みえます　　3　きこえます　　4　はなします

2. ＿＿＿の　ぶんと　だいたい　おなじ　いみの　ぶんが　あります。いちばん　いい　ものを　ひとつ　えらんで　ください。

1）<u>この　ほんは　やさしいです。</u>

1　この　ほんは　おおきくないです。

2　この　ほんは　ちいさくないです。

3　この　ほんは　むずかしくないです。

4　この　ほんは　ふるくないです。

2) しつもんは　ありますか。

1　おぼえた　ことは　ありますか。

2　わかった　ことは　ありますか。

3　ききたい　ことは　ありますか。

4　はなしたい　ことは　ありますか。

3.　ひらがなで　どう　かきますか。ひとつ　えらんで　ください。

1) ここに　書いて　ください。

1　おいて　2　かいて　3　きいて　4　ひいて

2) もう　いちど　言って　ください。

1　あって　2　いって　3　きって　4　とって

3) こどもは　小学校で　かんじを　べんきょうして　います。

1　しょうがっこう　2　しょがっこう

3　しょうがこう　4　しょがこう

4.　どう　かきますか。ひとつ　えらんで　ください。

1) せんせいと　はなしました。

1　話しました　2　語しました　3　言しました　4　書しました

2) ちいさい　こえで　はなして　ください。

1　少さい　2　午さい　3　小さい　4　川さい

3) にほんごで　かんたんな　かいわが　できます。

1　合語　2　会話　3　全語　4　金話

8 回目 今週(こんしゅう)は　何(なに)を　しますか

What will you do this week?
本周做什么？
Tuần này làm gì?

リスト p.60

1. （　　　）に　なにが　はいりますか。いちばん　いい　ものを　ひとつ　えらんで　ください。

1）　きのうは　がっこうを　（　　　）。

1　いれました　　2　はなしました　　3　やすみました　　4　よみました

2）　こんしゅうは　かんじを　（　　　）　おぼえました。

1　あまり　　2　たくさん　　3　とても　　4　まっすぐ

3）　あしたは　かいしゃが　やすみですから、（　　　）です。

1　きれい　　2　ひま　　3　べんり　　4　ゆうめい

4）　きょうは　きんようびですから、（　　　）は　にちようびです。

1　あさって　　2　あした　　3　おととい　　4　きのう

5）　がっこうは　４がつから　（　　　）。

1　いいます　　2　おきます　　3　おわります　　4　はじまります

2. ＿＿＿の　ぶんと　だいたい　おなじ　いみの　ぶんが　あります。いちばん　いい　ものを　ひとつ　えらんで　ください。

1）　<u>きのうは　しごとを　やすみました。</u>

1　きのうは　はたらきませんでした。

2　きのうは　べんきょうしませんでした。

3　きのうは　あそびませんでした。

4　きのうは　およぎませんでした。

2) こんばん　いっしょに　ごはんを　たべませんか。

1　あしたの　あさ　いっしょに　ごはんを　たべませんか。
2　あしたの　よる　いっしょに　ごはんを　たべませんか。
3　きょうの　あさ　いっしょに　ごはんを　たべませんか。
4　きょうの　よる　いっしょに　ごはんを　たべませんか。

3. ひらがなで　どう　かきますか。ひとつ　えらんで　ください。

1) きょうは　金よう日です。

1　かようび　　2　きんようび　　3　げつようび　　4　どようび

2) お金が　ありません。

1　おかね　　2　おさけ　　3　おちゃ　　4　おみず

3) たんじょうびは　来月です。

1　らいがつ　　2　らいけつ　　3　らいげつ　　4　らいつき

4. どう　かきますか。ひとつ　えらんで　ください。

1) もくようびに　ともだちに　あいます。

1　土よう日　　2　水よう日　　3　木よう日　　4　火よう日

2) いま　とても　いそがしいです。

1　今　　2　万　　3　分　　4　会

3) つきが　きれいですね。

1　土　　2　木　　3　火　　4　月

9 回目 好(す)きな 食(た)べ物(もの)は 何(なん)ですか

What is your favorite food?
喜欢吃什么?
Thức ăn ưa thích là gì?

リスト p.61

1. (　　　)に なにが はいりますか。いちばん いい ものを ひとつ えらんで ください。

1) わたしは まいにち (　　　　) を たべます。

1 エレベーター　2 かいもの　3 プール　4 やさい

2) (　　　　) ものを たくさん たべました。

1 あかるい　2 あまい　3 くらい　4 ひろい

3) A「からい ものを たべますか。」

B「いいえ、(　　　　) ですから、あまり たべません。」

1 きらい　2 すき　3 ひま　4 べんり

4) こんばん (　　　　) を たべましょう。

1 おちゃ　2 コーヒー　3 さかな　4 みず

5) この こうちゃは (　　　　) です。

1 あまい　2 せまい　3 ながい　4 ひろい

2. ＿＿＿の ぶんと だいたい おなじ いみの ぶんが あります。いちばん いい ものを ひとつ えらんで ください。

1) <u>おかしを かいました。</u>

1 アパートを かいました。

2 コーヒーを かいました。

3 チョコレートを かいました。

4 ピアノを かいました。

2 回目 家族(かぞく)を　紹介(しょうかい)しましょう

Talking about your family
介绍家人
Giới thiệu gia đình

リスト p.51

1. （　　　）に　なにが　はいりますか。いちばん　いい　ものを　ひとつ　えらんで　ください。

1)　わたしの　あねは　（　　　　）です。
1　あたらしい　　2　ひろい　　3　ながい　　4　やさしい

2)　おとうとと　いもうとは　（　　　　）です。
1　かわいい　　2　ふるい　　3　あまい　　4　ながい

3)　わたしの　（　　　　）は　あにと　いもうとです。
1　りょうしん　　2　おじ　　3　きょうだい　　4　がくせい

4)　おばと　いっしょに　（　　　　）を　とりました。
1　しゃしん　　2　かいもの　　3　しつもん　　4　りょこう

5)　ちちは　せが　（　　　　）です。
1　とおい　　2　たかい　　3　ながい　　4　みじかい

2. ＿＿＿の　ぶんと　だいたい　おなじ　いみの　ぶんが　あります。いちばん　いい　ものを　ひとつ　えらんで　ください。

1)　<u>これは　おじの　しゃしんです。</u>
1　これは　ちちの　あにの　しゃしんです。
2　これは　わたしの　あにの　しゃしんです。
3　これは　ははの　あねの　しゃしんです。
4　これは　あにの　かぞくの　しゃしんです。

2) がっこうに　つとめて　います。

1　がっこうで　はたらいて　います。

2　がっこうで　べんきょうして　います。

3　がっこうで　あそんで　います。

4　がっこうで　あって　います。

3. ひらがなで　どう　かきますか。ひとつ　えらんで　ください。

1) わたしは　この　学校の　がくせいです。

1　がくこう　　2　がこう　　3　がっこう　　4　がんこう

2) Ａびょういんは　大きい　びょういんです。

1　おきい　　2　おおきい　　3　たいきい　　4　だいきい

3) せんせいに　会いました。

1　あいました　　2　いいました　　3　かいました　　4　もらいました

4. どう　かきますか。ひとつ　えらんで　ください。

1) にほんの　かいしゃで　はたらいて　います。

1　会社　　2　公社　　3　公司　　4　会司

2) にほんごは　むずかしくないです。

1　日本語　　2　日本話　　3　日本言　　4　日本記

3) これは　たいせつな　ほんです。

1　人切　　2　入切　　3　大切　　4　天切

2）　この　りょうりは　すきじゃ　ありません。

1　この　りょうりは　あついです。

2　この　りょうりは　きらいです。

3　この　りょうりは　きれいです。

4　この　りょうりは　たかいです。

3. ひらがなで　どう　かきますか。ひとつ　えらんで　ください。

1）　へやに　何人　いますか。

1　なにん　　2　なにに　　3　なんにに　　4　なんにん

2）　たべものと　のみものは　何が　いいですか。

1　な　　2　なに　　3　なん　　4　なんに

3）　あそこに　魚が　いますね。

1　いぬ　　2　さかな　　3　とり　　4　ねこ

4. どう　かきますか。ひとつ　えらんで　ください。

1）　にくを　たくさん　かいました。

1　円　　2　同　　3　肉　　4　南

2）　こどもたちが　くだものを　たべて　います。

1　了ども　　2　子ども　　3　小ども　　4　土ども

10 回目 店(みせ)で　注文(ちゅうもん)します

Ordering something at a shop
在店里点菜
Gọi món ở quán ăn

リスト p.62

1. (　　　)に　なにが　はいりますか。いちばん　いい　ものを　ひとつ　えらんで　ください。

1)　この　みせの　りょうりは　(　　　　)です。

1　おいしい　　2　くらい　　3　ちかい　　4　ひろい

2)　この　レストランは　ごぜん　11(　　　　)に　あきます。

1　かい　　2　がつ　　3　じ　　4　にち

3)　みせが　(　　　　)　いますね。きょうは　やすみでしょうか。

1　あいて　　2　しまって　　3　ちがって　　4　はじまって

4)　A「いっしょに　ひるごはんを　たべませんか。」
　　B「いいですね。じゃあ、あの　しょくどうに　(　　　　)。」

1　あいましょう　　2　いれましょう　　3　おきましょう　　4　はいりましょう

5)　あついですから、(　　　　)　みずが　のみたいです。

1　あかるい　　2　ちいさい　　3　つめたい　　4　やさしい

2. ＿＿＿の　ぶんと　だいたい　おなじ　いみの　ぶんが　あります。いちばん　いい　ものを　ひとつ　えらんで　ください。

1)　<u>「コーヒーを　ください。」</u>

1　「コーヒーは　ちょっと。」

2　「コーヒーは　どうですか。」

3　「コーヒーを　おねがいします。」

4　「コーヒーを　どうぞ。」

2) この　りょうりは　まずいです。

1　この　りょうりは　おいしくないです。

2　この　りょうりは　たかくないです。

3　この　りょうりは　あつくないです。

4　この　りょうりは　むずかしくないです。

3. ひらがなで　どう　かきますか。ひとつ　えらんで　ください。

1) どうぞ　こちらに　入って　ください。

1　あって　　2　いって　　3　とって　　4　はいって

2) 3じに　みせを　出ました。

1　だしました　　2　だました　　3　でしました　　4　でました

3) こどもの　時、この　レストランに　きました。

1　とうき　　2　どうき　　3　とき　　4　どき

4. どう　かきますか。ひとつ　えらんで　ください。

1) ともだちと　おなじ　りょうりを　たべました。

1　円じ　　2　回じ　　3　同じ　　4　固じ

2) しょくどうは　なんじに　しまりますか。

1　何時　　2　伺時　　3　何持　　4　伺持

3) コーヒーに　さとうを　いれます。

1　入れます　　2　言れます　　3　行れます　　4　飲れます

11 回目 買い物に　行きます　I

Going shopping I
去购物 1
Đi mua sắm 1

リスト　p.64

1.（　　　）に　なにが　はいりますか。いちばん　いい　ものを　ひとつ　えらんで　ください。

1）ははの　たんじょうびに（　　　　）はなを　かいました。

1　きれいな　　2　しずかな　　3　たいせつな　　4　ひまな

2）やさいは　いつも　この　みせで（　　　　）います。

1　かいて　　2　かって　　3　はじまって　　4　はたらいて

3）ちゃいろの（　　　　）を　はいて　います。

1　くつ　　2　とけい　　3　ふく　　4　ぼうし

4）みせで　シャツを　2（　　　　）えらびました。

1　さい　　2　だい　　3　はい　　4　まい

5）この　かばんは　とても（　　　　）です。

1　おいしい　　2　かるい　　3　やさしい　　4　まずい

2. ＿＿＿の　ぶんと　だいたい　おなじ　いみの　ぶんが　あります。いちばん　いい　ものを　ひとつ　えらんで　ください。

1）その　ふくは　どこで　かいましたか。

1　その　ギターは　どこで　かいましたか。

2　その　えんぴつは　どこで　かいましたか。

3　その　さいふは　どこで　かいましたか。

4　その　シャツは　どこで　かいましたか。

2)　この　パソコンは　おもくないです。

1　この　パソコンは　あたらしいです。

2　この　パソコンは　おもしろいです。

3　この　パソコンは　かるいです。

4　この　パソコンは　ふるいです。

3. ひらがなで　どう　かきますか。ひとつ　えらんで　ください。

1)　お茶を　ください。

1　おかし　　2　おかね　　3　おちゃ　　4　おみず

2)　その　黒の　ぼうし、いいですね。

1　あお　　2　あか　　3　くろ　　4　しろ

3)　青が　すきです。

1　あお　　2　あか　　3　くろ　　4　しろ

4. どう　かきますか。ひとつ　えらんで　ください。

1)　しろの　ズボンを　ください。

1　赤　　2　白　　3　青　　4　黒

2)　あたらしい　けいたいでんわを　かいました。

1　会いました　　2　言いました　　3　見いました　　4　買いました

3)　その　はんかち、いいですね。

1　ハソカテ　　2　ハンカテ　　3　ハソカチ　　4　ハンカチ

12 回目 買(か)い物(もの)に　行(い)きます　2

Going shopping 2
去购物 2
Đi mua sắm 2

リスト p.65

1.（　　　）に　なにが　はいりますか。いちばん　いい　ものを　ひとつ　えらんで　ください。

1）そとは　さむいですから、（　　　）を　きましょう。

1　うわぎ　　2　かばん　　3　くつ　　4　とけい

2）A「これは　いくらですか。」
　　B「100（　　　）です。」

1　えん　　2　にん　　3　ねん　　4　まい

3）その　みせは　ちかいですから、（　　　）いきましょう。

1　あるいて　　2　きて　　3　すんで　　4　みえて

4）ここで　くつを（　　　）ください。

1　あるいて　　2　きて　　3　して　　4　ぬいで

5）ぎゅうにくを　300（　　　）ください。

1　グラム　　2　にん　　3　はい　　4　メートル

2. ＿＿＿の　ぶんと　だいたい　おなじ　いみの　ぶんが　あります。いちばん　いい　ものを　ひとつ　えらんで　ください。

1）<u>ちちは　あにに　ほんを　あげました。</u>

1　あには　ちちに　ほんを　かいました。
2　あには　ちちに　ほんを　かきました。
3　あには　ちちに　ほんを　かりました。
4　あには　ちちに　ほんを　もらいました。

2) この　ぎゅうにゅうは　たかいです。

1　この　ぎゅうにゅうは　あまくないです。

2　この　ぎゅうにゅうは　ふるくないです。

3　この　ぎゅうにゅうは　まずくないです。

4　この　ぎゅうにゅうは　やすくないです。

3. ひらがなで　どう　かきますか。ひとつ　えらんで　ください。

1) これ、着ても　いいですか。

1　いて　　2　きて　　3　でて　　4　みて

2) その　みせは　ここから　六百メートルです。

1　ろくひゃく　　2　ろくびゃく　　3　ろっびゃく　　4　ろっぴゃく

3) この　たまごは　安いですね。

1　たかい　　2　ひろい　　3　ふるい　　4　やすい

4. どう　かきますか。ひとつ　えらんで　ください。

1) あの　すーぱーは　やすいです。

1　スーパー　　2　スーペー　　3　ヌーパー　　4　ヌーペー

2) せんえんの　シャツを　かいました。

1　十円　　2　干円　　3　千円　　4　午円

3) この　かばんは　いちまんえんでした。

1　一力円　　2　一万円　　3　一方円　　4　一分円

13 回目 パーティーを　しましょう

Having a party
开派对
Mở tiệc

リスト p.68

1. （　　　）に　なにが　はいりますか。いちばん　いい　ものを　ひとつ　えらんで　ください。

1）らいしゅう　わたしの　うちで（　　　）を　します。

1　スーパー　　2　テーブル　　3　ハンカチ　　4　パーティー

2）パーティーが　ありますから、うちから　おかしを（　　　）。

1　いれます　　2　たべます

3　のみます　　4　もって　いきます

3）あした　うちに　ともだちが　3（　　　）きます。

1　こ　　2　つ　　3　にん　　4　ほん

4）となりの　へやから　ケーキを（　　　）ください。

1　かいて　　2　きて　　3　でて　　4　もって　きて

5）テーブルに　コップを（　　　）ください。

1　あらって　　2　いれて　　3　のんで　　4　ならべて

2. ＿＿＿の　ぶんと　だいたい　おなじ　いみの　ぶんが　あります。いちばん　いい　ものを　ひとつ　えらんで　ください。

1）<u>おいしい　パンを　8こ　かいました。</u>

1　おいしい　パンを　みっつ　かいました。

2　おいしい　パンを　むっつ　かいました。

3　おいしい　パンを　やっつ　かいました。

4　おいしい　パンを　よっつ　かいました。

2) のみものは　じゅうぶん　あります。

1　のみものは　すこし　あります。

2　のみものは　たくさん　あります。

3　のみものは　ちょっと　あります。

4　のみものは　ときどき　あります。

3.　ひらがなで　どう　かきますか。ひとつ　えらんで　ください。

1) ワインを　八本　かいました。

1　はちぼん　　2　はちぽん　　3　はっぼん　　4　はっぽん

2) おきゃくさんは　ぜんぶで　十人　きました。

1　じゅうじん　　2　じゅうにん　　3　とおじん　　4　とおにん

3) この　りょうりの　なまえが　分かりません。

1　かかりません　　2　しかりません

3　みつかりません　　4　わかりません

4.　どう　かきますか。ひとつ　えらんで　ください。

1) いもうとに　チョコレートを　はんぶん　あげました。

1　本分　　2　半分　　3　本今　　4　半今

2) これを　つくって　ください。

1　行って　　2　作って　　3　使って　　4　持って

14 回目 道(みち)を　聞(き)きましょう

Asking the way
问路
Hỏi đường

リスト p.69

1.（　　　）に　なにが　はいりますか。いちばん　いい　ものを　ひとつ　えらんで　ください。

1）この　まちの（　　　）を　かいました。

1　あいだ　　2　つぎ　　3　ちず　　4　てんき

2）まいにち　この　はしを（　　　）がっこうへ　いきます。

1　きて　　2　でて　　3　はいって　　4　わたって

3）うちから　えきまで　あるいて　５ふん（　　　）。

1　いきます　　2　かかります　　3　きます　　4　わたります

4）つぎの　こうさてんを　みぎに（　　　）ください。

1　かかって　　2　しまって　　3　まがって　　4　もらって

5）この　みちを（　　　）いきます。

1　いくつ　　2　あまり　　3　はんぶん　　4　まっすぐ

6）こうばんと　がっこうの（　　　）に　みちが　あります。

1　あいだ　　2　けいかん　　3　ちず　　4　はなし

2. ＿＿＿の　ぶんと　だいたい　おなじ　いみの　ぶんが　あります。いちばん　いい　ものを　ひとつ　えらんで　ください。

1）<u>この　みちは　ほそいです。</u>

1　この　みちは　ひろいです。
2　この　みちは　ひろくないです。
3　この　みちは　あたらしいです。
4　この　みちは　あたらしくないです。

3. ひらがなで　どう　かきますか。ひとつ　えらんで　ください。

1）スーパーと　レストランの　間に　ぎんこうが　あります。

1　あいだ　　2　となり　　3　まえ　　4　よこ

2）右に　まがって　ください。

1　つぎ　　2　ひだり　　3　まえ　　4　みぎ

3）まいにち　えきで　新聞を　かいます。

1　しぶん　　2　しんぶん　　3　しむん　　4　しんむん

4. どう　かきますか。ひとつ　えらんで　ください。

1）ここは　みちが　ほそいです。

1　運　　2　通　　3　連　　4　道

2）にほんでは　くるまは　ひだりを　はしります。

1　右　　2　左　　3　前　　4　間

3）じかんが　あまり　ありません。

1　時門　　2　時関　　3　時間　　4　時聞

15 回目 どうやって 行(い)きますか

How do you get there?
如何去?
Đi bằng cách nào?

リスト p.70

1. （　　　）に なにが はいりますか。いちばん いい ものを ひとつ えらんで ください。

1) えきまで とおいですから、タクシーを（　　　）。

1 おりました　2 かきました　3 のりました　4 よびました

2) あたらしい（　　　）を かって、のって います。

1 ちず　2 じてんしゃ　3 でんしゃ　4 くつ

3) ふたつめの えきで でんしゃを（　　　）。

1 おります　2 のります　3 よびます　4 わたります

4) まいにち（　　　）で がっこうへ いきます。

1 しゃしん　2 みち　3 こうばん　4 でんしゃ

5) まいにち あさ 8じの でんしゃに（　　　）。

1 おります　2 とまります　3 のります　4 よびます

2. ＿＿の ぶんと だいたい おなじ いみの ぶんが あります。いちばん いい ものを ひとつ えらんで ください。

1) いえの まえに くるまが とまって います。

1 いえの まえに くるまが きます。

2 いえの まえに くるまが あります。

3 いえの まえに くるまが いきます。

4 いえの まえに くるまが ならびます。

2)　ちちは　10じに　でかけました。

1　ちちは　10じに　みせに　きました。

2　ちちは　10じに　ともだちに　あいました。

3　ちちは　10じに　でんわを　しました。

4　ちちは　10じに　いえを　でました。

3.　ひらがなで　どう　かきますか。ひとつ　えらんで　ください。

1)　えきの　東の　いりぐちに　います。

1　きた　　2　ひがし　　3　みなみ　　4　にし

2)　北に　まっすぐ　あるきます。

1　きた　　2　ひがし　　3　みなみ　　4　にし

3)　としょかんは　がっこうの　西に　あります。

1　きた　　2　ひがし　　3　みなみ　　4　にし

4.　どう　かきますか。ひとつ　えらんで　ください。

1)　くるまに　のって、いきます。

1　車　　2　早　　3　卓　　4　東

2)　わたしの　いえは　えきの　みなみに　あります。

1　東　　2　西　　3　南　　4　北

3)　どの　ばすに　のりますか。

1　バヌ　　2　ベス　　3　バス　　4　ベヌ

16回目 天気(てんき)は　どうですか

How is the weather?
天气如何?
Thời tiết thế nào?

リスト p.72

I.（　　）に　なにが　はいりますか。いちばん　いい　ものを　ひとつ　えらんで　ください。

1)　きょうは　くもりですから、（　　　）が　くらいです。

1　かぜ　　2　みず　　3　そら　　4　ゆき

2)　（　　　）で　やまが　しろく　なりました。

1　あめ　　2　かぜ　　3　そら　　4　ゆき

3)　（　　　）を　さして　あるきます。

1　うわぎ　　2　かさ　　3　ふく　　4　ぼうし

4)　つよい　かぜが　（　　　）　います。

1　はれて　　2　さして　　3　ふいて　　4　ふって

5)　きょうは　ゆきが　ふって、とても　（　　　）です。

1　あつい　　2　さむい　　3　つめたい　　4　ちいさい

2.　＿＿＿の　ぶんと　だいたい　おなじ　いみの　ぶんが　あります。いちばん　いい　ものを　ひとつ　えらんで　ください。

1)　<u>きょうも　あめが　やみません。</u>

1　きょうも　あめが　つめたいです。

2　きょうも　あめが　つめたくないです。

3　きょうも　あめが　ふります。

4　きょうも　あめが　ふりません。

2）　あしたは　はれです。

1　あしたは　あめです。

2　あしたは　くもりです。

3　あしたは　てんきが　いいです。

4　あしたは　てんきが　わるいです。

3. ひらがなで　どう　かきますか。ひとつ　えらんで　ください。

1）　雪が　ふって　きました。

1　あめ　　2　かぜ　　3　そら　　4　ゆき

2）　きょうは　天気が　わるいです。

1　てんき　　2　でんき　　3　てんぎ　　4　でんぎ

3）　よわい　雨です。

1　あめ　　2　かぜ　　3　くも　　4　ゆき

4. どう　かきますか。ひとつ　えらんで　ください。

1）　そらが　くらく　なりました。

1　突　　2　究　　3　空　　4　宍

2）　きょうは　きもちが　いい　ひです。

1　气持ち　　2　汽持ち　　3　氙持ち　　4　気持ち

17 回目

旅行(りょこう)は　どうでしたか

How was the trip?
旅行如何?
Chuyến du lịch thế nào?

リスト　p.73

1.（　　　）に　なにが　はいりますか。いちばん　いい　ものを　ひとつ　えらんで　ください。

1)　ここは（　　　）レストランで　りょうりが　おいしいです。

1　あまい　　2　むずかしい　　3　たいへんな　　4　ゆうめいな

2)　5ねん（　　　）に、にほんの　おじの　いえに　いきました。

1　あいだ　　2　あと　　3　うえ　　4　まえ

3)　あした　あの（　　　）に　のぼります。

1　みず　　2　かわ　　3　うみ　　4　やま

4)　ともだちと　おおさかへ（　　　）しました。

1　しごと　　2　べんきょう　　3　そうじ　　4　りょこう

5)　りょこうに　いって、（　　　）で　およぎました。

1　うみ　　2　くるま　　3　みち　　4　さかな

2. ＿＿＿の　ぶんと　だいたい　おなじ　いみの　ぶんが　あります。いちばん　いい　ものを　ひとつ　えらんで　ください。

1)　たかい　たてものから　まちを　みます。

1　たかい　やまから　まちを　みます。
2　たかい　ビルから　まちを　みます。
3　たかい　はしから　まちを　みます。
4　たかい　エレベーターから　まちを　みます。

2) この　えいがは　おもしろくなかったです。

1　この　えいがは　ながかったです。

2　この　えいがは　たのしかったです。

3　この　えいがは　つまらなかったです。

4　この　えいがは　むずかしかったです。

3.　ひらがなで　どう　かきますか。ひとつ　えらんで　ください。

1) にもつが　少ないです。

1　あぶない　　2　きたない　　3　たりない　　4　すくない

2) 川で　あそびます。

1　かわ　　2　みず　　3　にわ　　4　やま

3) きょうは　おきゃくさんが　多いです。

1　あかるい　　2　おおい　　3　たのしい　　4　ちかい

4.　どう　かきますか。ひとつ　えらんで　ください。

1) この　やまが　いちばん　たかいです。

1　上　　2　山　　3　出　　4　止

2) もう　すこし　ここに　いたいです。

1　小し　　2　水し　　3　火し　　4　少し

18 回目 仕事（しごと）を　します

Working
工作
Làm việc

リスト p.74

1.（　　　）に　なにが　はいりますか。いちばん　いい　ものを　ひとつ　えらんで　ください。

1）はさみで　かみを（　　　）。

1　おきます　2　きります　3　はります　4　ひきます

2）（　　　）が　ありませんから、じかんが　わかりません。

1　かばん　2　さいふ　3　ちず　4　とけい

3）しごとが　いそがしくて、（　　　）です。

1　たいせつ　2　たいへん　3　ひま　4　せまい

4）じゅうしょを（　　　）ください。

1　おしえて　2　つとめて　3　まがって　4　やすんで

5）でんきを（　　　）、へやを　くらく　します。

1　おして　2　きいて　3　けして　4　つけて

2. ＿＿＿の　ぶんと　だいたい　おなじ　いみの　ぶんが　あります。いちばん　いい　ものを　ひとつ　えらんで　ください。

1）やまださんは　リンさんに　かさを　かりました。

1　やまださんは　リンさんに　かさを　あげました。
2　リンさんは　やまださんに　かさを　あげました。
3　やまださんは　リンさんに　かさを　かしました。
4　リンさんは　やまださんに　かさを　かしました。

2)　テレビを　みながら　ごはんを　たべます。

1　テレビを　けして、ごはんを　たべます。

2　テレビを　おいて、ごはんを　たべます。

3　テレビを　つけて、ごはんを　たべます。

4　テレビを　かたづけて、ごはんを　たべます。

3.　ひらがなで　どう　かきますか。ひとつ　えらんで　ください。

1)　やすみの　ひは　読書を　します。

1　とくしょ　　2　どくしょ　　3　とぐしょ　　4　どぐしょ

2)　先月　しごとで　とうきょうへ　いきました。

1　せんがつ　　2　ぜんがつ　　3　せんげつ　　4　ぜんげつ

3)　でんきを　消して　ください。

1　おして　　2　けして　　3　さして　　4　かして

4.　どう　かきますか。ひとつ　えらんで　ください。

1)　でんしゃで　かいしゃに　いきます。

1　雷車　　2　電車　　3　雪車　　4　需車

2)　おさきに　しつれいします。

1　お先　　2　お夫　　3　お失　　4　お天

3)　めーるあどれすを　おしえて　ください。

1　メールアドレス　　2　メールマドレス

3　ナールアドレス　　4　ナールマドレス

19 回目 掃除(そうじ)しましょう

Cleaning
打扫卫生
Quét dọn

リスト p.75

1.（　　　）に　なにが　はいりますか。いちばん　いい　ものを　ひとつ　えらんで　ください。

1）さむいですから、まどを（　　　）ください。

1　とって　　2　けして　　3　しめて　　4　だして

2）まどの　そばに　つくえを（　　　）ください。

1　あげて　　2　おいて　　3　しめて　　4　とめて

3）きたない　くつを（　　　）、きれいに　します。

1　あらって　　2　けして　　3　おいて　　4　しめて

4）（　　　）が　たくさん　ありますから、そうじしましょう。

1　ごみ　　2　せんたく　　3　でんわ　　4　つくえ

5）（　　　）を　あけて　へやを　そうじします。

1　ごみ　　2　つくえ　　3　まど　　4　みち

2. ＿＿＿の　ぶんと　だいたい　おなじ　いみの　ぶんが　あります。いちばん　いい　ものを　ひとつ　えらんで　ください。

1）<u>ふくを　せんたくしました。</u>

1　ふくを　きました。

2　ふくを　ぬぎました。

3　ふくを　かたづけました。

4　ふくを　あらいました。

2）　へやを　そうじしました。

1　へやを　きたなく　しました。

2　へやを　きれいに　しました。

3　へやを　あたらしく　しました。

4　へやを　たいせつに　しました。

3. ひらがなで　どう　かきますか。ひとつ　えらんで　ください。

1）　外国で　べんきょうします。

1　かいこく　　2　がいこく　　3　かこく　　4　がこく

2）　へやの　中に　ごみばこが　あります。

1　そと　　2　なか　　3　まえ　　4　さき

3）　上着を　かたづけます。

1　うえぎ　　2　うわぎ　　3　うえき　　4　うわき

4. どう　かきますか。ひとつ　えらんで　ください。

1）　いすの　うえに　かばんを　おきます。

1　下　　2　上　　3　左　　4　間

2）　ごみは　いえの　そとに　おきます。

1　中　　2　上　　3　次　　4　外

3）　いちばん　したに　ほんを　ならべます。

1　右　　2　左　　3　上　　4　下

20回目 体(からだ)の　調子(ちょうし)は　どうですか

How is your physical condition?
身体如何?
Tình trạng cơ thể thế nào?

リスト p.76

1.（　　　）に　なにが　はいりますか。いちばん　いい　ものを　ひとつ　えらんで　ください。

1）あまり　ねて　いませんから、あたまが（　　　）です。

1　いたい　　2　きたない　　3　さむい　　4　わるい

2）わたしの　ちちは（　　　）です。

1　いしゃ　　2　おなか　　3　くすり　　4　てんき

3）くるまに　のって、（　　　）が　わるく　なりました。

1　おなか　　2　きもち　　3　からだ　　4　びょうき

4）（　　　）が　わるいですから、よく　みえません。

1　て　　2　くち　　3　みみ　　4　め

5）ばんごはんの　あとで、この　くすりを（　　　）。

1　つかれます　　2　たべます　　3　のみます　　4　ひきます

2.＿＿＿の　ぶんと　だいたい　おなじ　いみの　ぶんが　あります。いちばん　いい　ものを　ひとつ　えらんで　ください。

1）<u>かぜを　ひきましたから、マスクを　します。</u>

1　かぜを　ひきましたから、マスクを　かえます。

2　かぜを　ひきましたから、マスクを　とります。

3　かぜを　ひきましたから、マスクを　つけます。

4　かぜを　ひきましたから、マスクを　はります。

2) たくさん　ねましたから、ちょうしが　いいです。

1　たくさん　ねましたから、げんきです。

2　たくさん　ねましたから、ひまです。

3　たくさん　ねましたから、びょうきです。

4　たくさん　ねましたから、かぜです。

3. ひらがなで　どう　かきますか。ひとつ　えらんで　ください。

1) びょういんの　出口に　います。

1　でくち　　2　でぐち　　3　でこち　　4　でごち

2) 足が　つかれました。

1　あし　　2　あたま　　3　くち　　4　て

3) 耳が　いたいです。

1　あたま　　2　からだ　　3　はな　　4　みみ

4. どう　かきますか。ひとつ　えらんで　ください。

1) くちの　なかを　きりました。

1　口　　2　日　　3　耳　　4　月

2) めが　つかれて、あたまが　いたいです。

1　見　　2　足　　3　目　　4　耳

模擬試験（もぎしけん）

もんだい１　＿＿＿の　ことばは　ひらがなで　どう　かきますか。
１・２・３・４から　いちばん　いい　ものを　ひとつ　えらんで
ください。

１　でんしゃで　会社へ　いきます。

1　かいしゃ　　2　がっこう　　3　だいがく　　4　びょういん

２　これは　父の　かばんです。

1　あに　　2　あね　　3　ちち　　4　はは

３　びょういんは　近いですか。

1　ちかい　　2　とおい　　3　ひろい　　4　ふるい

４　今月は　とても　いそがしいです。

1　こんがつ　　2　ごんがつ　　3　こんげつ　　4　ごんげつ

５　これは　だれが　作りましたか。

1　かりました　　2　きりました　　3　つくりました　　4　とりました

６　きょうは　雪です。

1　あめ　　2　くもり　　3　ゆき　　4　はれ

７　空気が　つめたいです。

1　くうき　　2　こうき　　3　くき　　4　こき

もんだい2 ＿＿＿の ことばは どう かきますか。1・2・3・4から いちばん いい ものを ひとつ えらんで ください。

8 きれいな はんかちです。

1 ハソカチ　2 ハソカテ　3 ハンカチ　4 ハンカテ

9 この くつは すこし おおきいです。

1 人きい　2 大きい　3 夭きい　4 天きい

10 きのう さとうさんが うちに きました。

1 木ました　2 来ました　3 半ました　4 午ました

11 きのうの ばん さかなを たべました。

1 黒　2 魚　3 鳥　4 無

12 わたしは がくせいです。

1 字王　2 学生　3 学王　4 字生

もんだい３（　　）に　なにが　はいりますか。１・２・３・４から　いちばん　いいものを　ひとつ　えらんで　ください。

13　まいにち　スーパーへ（　　　）。

1　いきます　2　おきます　3　かきます　4　はきます

14　あの　ひとの　こえは（　　　）です。

1　からい　2　せまい　3　すくない　4　ちいさい

15　くらいですから、でんきを（　　　）ください。

1　あけて　2　けして　3　しめて　4　つけて

16　あついですから、（　　　）を　あびます。

1　タクシー　2　シャワー　3　プール　4　シャツ

17　しょくどうは　ごご　９じに（　　　）。

1　あるきます　2　しまります　3　つとめます　4　でかけます

18　いもうとと　おなじ（　　　）を　はいて　います。

1　さいふ　2　ズボン　3　テーブル　4　ぼうし

もんだい４　＿＿＿の　ぶんと　だいたい　おなじ　いみの　ぶんが　あります。１・２・３・４から　いちばん　いい　ものを　ひとつ　えらんで　ください。

19　この　たてものは　ふるいです。

1　この　たてものは　あたらしくないです。
2　この　たてものは　たかくないです。
3　この　たてものは　きれいじゃ　ありません。
4　この　たてものは　ゆうめいじゃ　ありません。

20　チャンさんは　たなかさんに　じしょを　かしました。

1　たなかさんは　チャンさんに　じしょを　もらいました。
2　チャンさんは　たなかさんに　じしょを　もらいました。
3　たなかさんは　チャンさんに　じしょを　かりました。
4　チャンさんは　たなかさんに　じしょを　かりました。

21　この　りょうりは　つめたいです。

1　この　りょうりは　あつくないです。
2　この　りょうりは　あまくないです。
3　この　りょうりは　からくないです。
4　この　りょうりは　たかくないです。

リストパート

1回目 自己紹介を　しましょう

Introducing yourself
自我介绍
Giới thiệu bản thân

ことば

□ **きます[Ⅲ]〔来ます〕**　Come／来／đến

ベトナムから　来ました。

□ **（どうぞ）よろしく（お願いします）。**　Nice to meet you.／请多关照。／Hân hạnh được làm quen.

どうぞ　よろしく　お願いします。

□ **すこし〔少し〕**　A little／一点点／một ít

日本語が　少し　できます。

□ **しごと〔仕事〕**　Work, job／工作／công việc

お仕事は　何ですか。

□ **かいしゃ〔会社〕**　Company／公司／công ty

□ **はたらきます[Ⅰ]〔働きます〕**　Work／工作／làm việc

日本の　会社で　働いて　います。

□ **びょういん〔病院〕**　Hospital／医院／bệnh viện

□ **つとめます[Ⅱ]〔勤めます〕** ≒ **働きます**　Work／工作／làm việc

病院に　勤めて　います。

□ **だいがく〔大学〕**　University, college／大学／đại học

□ **せんせい〔先生〕**　Teacher, professor／老师／giáo viên, giảng viên

大学の　先生ですか。

□ **がくせい〔学生〕** ➡ **大学生**　Student／学生／học sinh

University student, college student／大学生／sinh viên đại học

私は　学生です。

漢字

漢字	読み	例
語	ゴ	～語（日本語、英語）
会	カイ あ・う	会社 会う
社	シャ	会社
大	ダイ タイ おお・きい	大学 大切な 大きい
学	ガク	学生、学校
生	セイ	学生、大学生

日本語：Japanese language／日语／tiếng Nhật　英語：English／英语／tiếng Anh　会う→４回目　大切な→18回目
大きい→７回目　学校：School／学校／trường học

2 回目　家族(かぞく)を　紹介(しょうかい)しましょう

Talking about your family
介绍家人
Giới thiệu gia đình

ことば

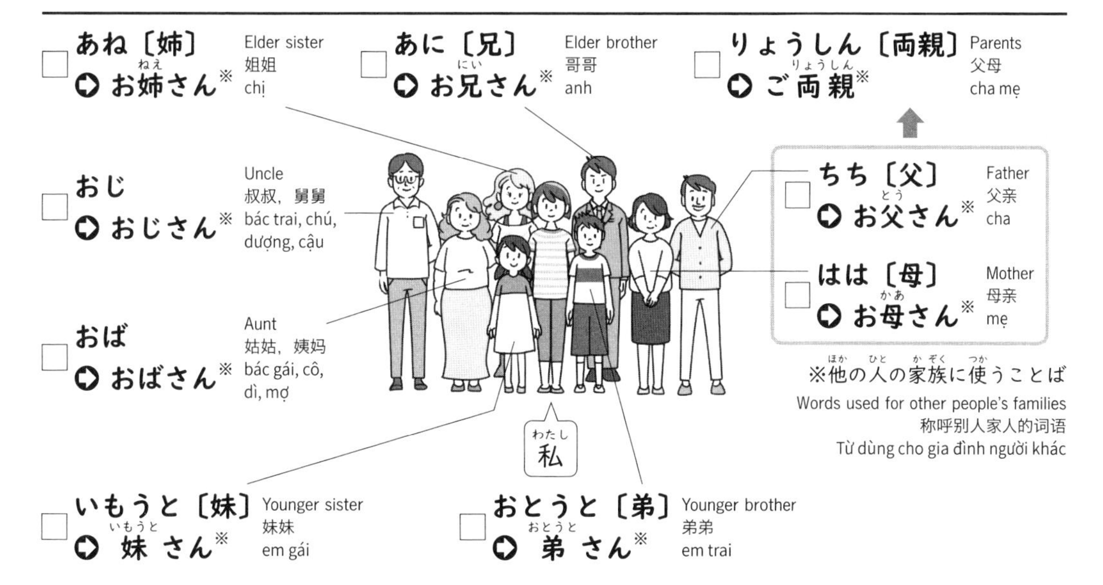

- □ あね〔姉〕 ➡ お姉(ねえ)さん※　Elder sister / 姐姐 / chị
- □ あに〔兄〕 ➡ お兄(にい)さん※　Elder brother / 哥哥 / anh
- □ りょうしん〔両親〕 ➡ ご両親(りょうしん)※　Parents / 父母 / cha mẹ
- □ ちち〔父〕 ➡ お父(とう)さん※　Father / 父亲 / cha
- □ はは〔母〕 ➡ お母(かあ)さん※　Mother / 母亲 / mẹ
- □ おじ ➡ おじさん※　Uncle / 叔叔，舅舅 / bác trai, chú, dượng, cậu
- □ おば ➡ おばさん※　Aunt / 姑姑，姨妈 / bác gái, cô, dì, mợ
- □ いもうと〔妹〕 ➡ 妹(いもうと)さん※　Younger sister / 妹妹 / em gái
- □ おとうと〔弟〕 ➡ 弟(おとうと)さん※　Younger brother / 弟弟 / em trai

※他(ほか)の人(ひと)の家族(かぞく)に使(つか)うことば
Words used for other people's families
称呼别人家人的词语
Từ dùng cho gia đình người khác

- □ しゃしん〔写真〕　Photograph, photo / 照片 / ảnh
- □ とります[I]〔撮ります〕　Take (a photo) / 拍摄 / chụp

家族(かぞく)の　写真(しゃしん)を　撮(と)りました。

- □ かぞく〔家族〕　Family / 家人 / gia đình

これは　私(わたし)の　家族(かぞく)の　写真(しゃしん)です。

- □ きょうだい〔兄弟〕　Sibling, brothers and sisters / 兄弟姐妹 / anh chị em

兄弟(きょうだい)は　４人(にん)です。

- □ かわいい　Pretty, cute / 可爱 / dễ thương

妹(いもうと)は　かわいいです。

- □ やさしい〔優しい〕　Kind, gentle / 温和 / tốt, hiền

両親(りょうしん)は　優(やさ)しいです。

- □ (背(せ)が) たかい〔高い〕　Tall / (个子) 高 / (người) cao

おじは　背(せ)が　高(たか)いです。

- □ (髪(かみ)が) ながい〔長い〕　Long (hair) / (头发) 长 / (tóc) dài

おばは　髪(かみ)が　長(なが)いです。

漢字　※特別(とくべつ)な読(よ)み方(かた)

漢字	読み	例
母	はは	母(はは) お母(かあ)さん※
父	ちち	父(ちち) お父(とう)さん※
高	たか・い	高(たか)い
長	なが・い	長(なが)い

1・2

3 回目 家(いえ)を　紹介(しょうかい)しましょう

Talking about your house
介绍房间陈设
Giới thiệu nhà

ことば

☐ いえ〔家〕 — House, home / 房子 / nhà

この　家(いえ)は　新(あたら)しいです。

☐ アパート — Apartment / 公寓 / căn hộ chung cư

☐ すみますI〔住みます〕 — Live / 住 / sống

私(わたし)は　アパートに　住(す)んで　います。

☐ へや〔部屋〕 — Room / 房间 / phòng

☐ ～かい〔～階〕 — Counter for floors of a building / ～层 / tầng ~, ~ tầng
➜まとめ「数え方」

私(わたし)の　部屋(へや)は　アパートの　1階(かい)です。

☐ エレベーター — Elevator, lift / 电梯 / thang máy

この　アパートには　エレベーターが　ありません。

☐ えき〔駅〕 — Station / 车站 / nhà ga

私(わたし)の　家(いえ)は　駅(えき)から　遠(とお)いです。

☐ まえ〔前〕 — Front / 前面 / trước

アパートの　前(まえ)に　スーパーが　あります。

☐ となり〔隣〕 — Next / 隔壁 / kế bên

スーパーの　隣(となり)に　銀行(ぎんこう)が　あります。

☐ そば ≒ 近(ちか)く — Nearby / 旁边 / gần

銀行(ぎんこう)は　駅(えき)の　そばに　あります。

☐ べんりな〔便利な〕 — Convenient, useful / 方便 / tiện lợi

この　アパートは　駅(えき)が　近(ちか)くて、便利(べんり)です。

☐ (部屋(へや)が) ひろい〔広い〕	Big, spacious (room) / (房间) 宽敞 / (phòng) rộng	⇔	☐ (部屋(へや)が) せまい〔狭い〕	Small (room) / (房间) 狭窄 / (phòng) chật
☐ あかるい〔明るい〕	Light / 明亮 / sáng	⇔	☐ くらい〔暗い〕	Dark / 昏暗 / tối
☐ あたらしい〔新しい〕	New / 新 / mới	⇔	☐ ふるい〔古い〕	Old / 旧 / cũ
☐ とおい〔遠い〕	Far / 远 / xa	⇔	☐ ちかい〔近い〕	Near, close to / 近 / gần

漢字

漢字	読み	例	漢字	読み	例
家	カ いえ	家族(かぞく) 家(いえ)	古	ふる・い	古(ふる)い
近	ちか・い	近(ちか)い、近(ちか)く	明	あか・るい	明(あか)るい
新	シン あたら・しい	新聞(しんぶん) 新(あたら)しい	広	ひろ・い	広(ひろ)い

新聞：Newspaper／报纸／báo

まとめ　位置（いち）や　方向（ほうこう）を　表（あらわ）す　言葉（ことば）

Words to express position or direction
表示位置和方向的词语
Từ ngữ biểu thị vị trí hay phương hướng

1. □なか〔中〕 ⇔ □そと〔外〕
Inside／里面／trong　　Outside／外面／ngoài

箱（はこ）の　中（なか）／外（そと）

2. □うえ〔上〕 ⇔ □した〔下〕
On／上面／trên　　Under／下面／dưới

椅子（いす）の　上（うえ）／下（した）

3. □うしろ〔後ろ〕 ⇔ □まえ〔前〕
Behind／后面／sau　　Front／前面／trước

箱（はこ）の　後（うし）ろ／前（まえ）

4. □ひだり〔左〕 ⇔ □みぎ〔右〕
Left／左／trái　　Right／右／phải

左（ひだり）／右（みぎ）に　曲（ま）がります

5. □あいだ〔間〕
Between
之间
khoảng giữa

私（わたし）の　家（いえ）と　隣（となり）の　家（いえ）の　間（あいだ）

4 回目 休み（やす）の 日（ひ）に 何（なに）を しますか

What do you do on your day off?
节假日时做什么？
Làm gì vào ngày nghỉ?

ことば

□ **やすみ〔休み〕** Holiday／放假／nghỉ
➡ **夏休み（なつやすみ）** Summer vacation／暑假／nghỉ hè

あしたは 学校（がっこう）が 休み（やす）です。

□ **します**[III] Do／做，打／làm

あしたは 何（なに）を しますか。

□ **（スポーツを）します**[III] Play (sports)／做（运动）／chơi (thể thao)

友（とも）だちと テニスを します。

□ **いつも** Always, usually／总是／luôn luôn

□ **かいもの〔買い物〕します**[III] Shop／购物／mua sắm

□ **いきます**[I] **〔行きます〕** Go／去／đi

土曜日（どようび）は いつも 買（か）い物（もの）に 行（い）きます。

□ **ときどき** Sometimes／有时／thỉnh thoảng

□ **（ギター、ピアノを）ひきます**[I] **〔弾きます〕** Play (the guitar or piano)／弹（吉他、钢琴）／chơi (đàn guitar, piano)

ときどき ギターを 弾（ひ）きます。

□ **あまり** (Not) really／（不）太／(không ~) lắm

私（わたし）は あまり テレビを 見（み）ません。

□ **あいます**[I] **〔会います〕** See, meet／见／gặp

来月（らいげつ） 友（とも）だちに 会（あ）います。

□ **プール** Swimming pool／游泳池／hồ bơi

□ **～メートル〔～ m〕** ~ meter／～米／~ mét
➡ まとめ「数え方」

この プールは 25 メートルです。

□ **およぎます**[I] **〔泳ぎます〕** Swim／游泳／bơi

プールで 泳（およ）ぎます。

漢字

漢字	読み	例
休	キュウ	休日（きゅうじつ）
	やす・む	休（やす）む、休（やす）み
行	コウ	銀行（ぎんこう）
	い・く	行（い）く
友	とも	友（とも）だち
来	ライ	来月（らいげつ）
	く・る	来（く）る
	き・ます	来（き）ます
	こ・ない	来（こ）ない

休日：Holiday／假日／ngày nghỉ　休む→８回目　銀行→１４回目　友だち：Friend／朋友／bạn bè
来月→まとめ「時を表す言葉」

5 回目　いつも　何(なに)を　食(た)べて　いますか

What do you usually eat?
平时吃什么?
Thường ăn gì?

ことば

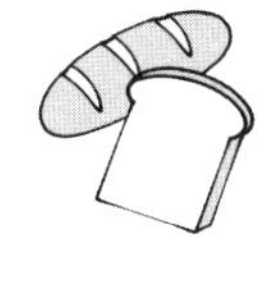

□ **コーヒー**
Coffee ／咖啡
cà phê

□ **こうちゃ〔紅茶〕**
Black tea ／红茶
trà đen

□ **さとう〔砂糖〕**
Sugar ／糖
đường

□ **パン**
Bread ／面包
bánh mì

□ **ごはん〔ご飯〕**
Rice ／米饭／ cơm

□ **ごはん〔ご飯〕**
➲ **朝(あさ)ご飯(はん)、昼(ひる)ご飯(はん)、晩(ばん)ご飯(はん)**
Meal
吃饭，饭
bữa ăn

Breakfast, Lunch, Dinner ／早餐，午餐，晚餐／ bữa sáng, bữa trưa, bữa tối

ご飯(はん)を　食(た)べましたか。

□ **たべます II〔食べます〕**
Eat
吃
ăn

朝(あさ)ご飯(はん)に　パンを　食(た)べます。

□ **のみます I〔飲みます〕**
Drink
喝
uống

昼(ひる)、コーヒーを　飲(の)みます。

□ **ちょっと**
㊂ **少(すこ)し**
A little
一点点
một ít

□ **いれます II〔入れます〕**
Put
放入
cho vào

コーヒーに　砂糖(さとう)を　ちょっと　入(い)れます。

□ **みず〔水〕**
Water
水
nước

□ **～はい〔～杯〕**
➔ まとめ「数え方」
Counter for glassfuls, bowlfuls
～杯，～碗
trợ từ đếm vật đựng trong ly, chén

水(みず)を　1杯(ぱい)　飲(の)みます。

□ **(お) ちゃ〔(お) 茶〕**
Tea
茶
trà

夜(よる)、お茶(ちゃ)を　飲(の)みます。

漢字

	読み	例		読み	例
朝	あさ	朝(あさ)、朝(あさ)ご飯(はん)	食	ショク た・べる	夕食(ゆうしょく) 食(た)べる
昼	ひる	昼(ひる)、昼(ひる)ご飯(はん)	飲	の・む	飲(の)む
夜	よる	夜(よる)	水	スイ みず	水曜日(すいようび) 水(みず)

朝：Morning ／早上／ sáng　昼：Noon, daytime ／中午／ trưa　夜：Night ／晚上／ tối　夕食：Dinner ／晚餐／ bữa tối
水曜日→まとめ「時を表す言葉」

時を　表す　言葉

Words to express time
表示时间的词语
Từ ngữ biểu thị thời gian

1. 時刻　Time／时刻／Giờ

（網掛け）＝読み方に注意

【～時　~ o'clock／～点／~ giờ】

1時	いちじ	2時	にじ	3時	さんじ	4時	よじ
5時	ごじ	6時	ろくじ	7時	しちじ	8時	はちじ
9時	くじ	10時	じゅうじ	11時	じゅういちじ	12時	じゅうにじ

【～分　~ minute／～分／~ phút】

1分	いっぷん	2分	にふん	3分	さんぷん	4分	よんぷん
5分	ごふん	6分	ろっぷん	7分	ななふん	8分	はちふん／はっぷん
9分	きゅうふん	10分	じゅっ／じっぷん				

＊～時30分（さんじゅっぷん／さんじっぷん）＝～時半
　例：9時30分（さんじゅっぷん／さんじっぷん）＝9時半

2. 日付と季節　Dates and seasons／日期和季节／Ngày tháng và mùa

（網掛け）＝読み方に注意

【月　Months／月／tháng】　【季節　Season／季节／Các mùa】

						季節	
3月	さんがつ	4月	しがつ	5月	ごがつ	春	Spring／春天／mùa xuân
6月	ろくがつ	7月	しちがつ	8月	はちがつ	夏	Summer／夏天／mùa hạ
9月	くがつ	10月	じゅうがつ	11月	じゅういちがつ	秋	Autumn, fall／秋天／mùa thu
12月	じゅうにがつ	1月	いちがつ	2月	にがつ	冬	Winter／冬天／mùa đông

【日にち　Dates／日期／Ngày】

1日	ついたち	2日	ふつか	3日	みっか
4日	よっか	5日	いつか	6日	むいか
7日	なのか	8日	ようか	9日	ここのか
10日	とおか	11日	じゅういちにち	12日	じゅうににち
13日	じゅうさんにち	14日	じゅうよっか	15日	じゅうごにち
16日	じゅうろくにち	17日	じゅうしちにち	18日	じゅうはちにち
19日	じゅうくにち	20日	はつか	30日	さんじゅうにち

3. 曜日（ようび） Days of the week ／星期／ Thứ

日曜日（にちようび）	月曜日（げつようび）	火曜日（かようび）	水曜日（すいようび）	木曜日（もくようび）	金曜日（きんようび）	土曜日（どようび）
Sunday 星期日 Chủ nhật	Monday 星期一 thứ Hai	Tuesday 星期二 thứ Ba	Wednesday 星期三 thứ Tư	Thursday 星期四 thứ Năm	Friday 星期五 thứ Sáu	Saturday 星期六 thứ Bảy

4. きのう・今日（きょう）・あした など

Yesterday･Today･Tomorrow etc. ／昨天、今天、明天等／ hôm qua, hôm nay, ngày mai v.v.

おととい	きのう	今日（きょう）	あした	あさって	毎日（まいにち）
Day before yesterday 前天 hôm kia	Yesterday 昨天 hôm qua	Today 今天 hôm nay	Tomorrow 明天 ngày mai	Day after tomorrow 后天 ngày mốt	Everyday 每天 hàng ngày
	先週（せんしゅう）	今週（こんしゅう）	来週（らいしゅう）	再来週（さらいしゅう）	毎週（まいしゅう）
	Last week 上周 tuần trước	This week 本周 tuần này	Next week 下周 tuần sau	Week after next 大下周 tuần sau nữa	Every week 每周 hàng tuần
	先月（せんげつ）	今月（こんげつ）	来月（らいげつ）	再来月（さらいげつ）	毎月（まいつき）
	Last month 上个月 tháng trước	This month 本月 tháng này	Next month 下个月 tháng sau	Month after next 大下个月 tháng sau nữa	Every month 每月 hàng tháng
おととし	去年（きょねん）	今年（ことし）	来年（らいねん）	再来年（さらいねん）	毎年（まいとし）
Year before last 前年 năm kia	Last year 去年 năm ngoái	This year 今年 năm nay	Next year 明年 năm sau	Year after next 后年 năm sau nữa	Every year 每年 hàng năm

5. ～前（まえ）／後（ご） ~before / after ／～前／后／ ~ trước/sau

～（年（ねん）、か月（げつ）、日（にち）、週間（しゅうかん）、時間（じかん）、分（ふん））前（まえ）／後（ご）

~ before, ago/~after, later
（距某事）还有～，～前／～后
~ trước/~ sau

例（れい）：試験（しけん）が　終（お）わる　５分前（ふんまえ）です。

　　次（つぎ）の　試験（しけん）は　１５分後（ふんご）に　始（はじ）まります。

6回目 毎日(まいにち) 何(なに)を しますか

What do you do every day?
每天做什么?
Làm gì mỗi ngày?

ことば

□おきますII〔起きます〕 Get up / 起床 / thức dậy

朝(あさ) 何時(なんじ)に 起(お)きますか。

□ごぜん〔午前〕 Morning, a.m. / 上午 / buổi sáng

午前(ごぜん)は 授業(じゅぎょう)が あります。

□ごご〔午後〕 Afternoon, p.m. / 下午 / buổi chiều

午後(ごご)は 図書館(としょかん)に 行(い)きます。

□ゆうがた〔夕方〕 Evening / 傍晚 / buổi tối

□かえりますI〔帰ります〕 Go home, return / 回家 / về

夕方(ゆうがた) うちに 帰(かえ)ります。

□みますII〔見ます〕 Watch, see / 看 / xem

ときどき 映画(えいが)を 見(み)ます。

□でんわ〔電話〕しますIII Make a phone call / 打电话 / gọi điện thoại

ときどき 母(はは)に 電話(でんわ)します。

□ねますII〔寝ます〕 Go to bed / 睡觉 / ngủ

毎日(まいにち) 10時(じ)に 寝(ね)ます。

□よみますI〔読みます〕 Read / 读，看 / đọc

夜(よる)、本(ほん)を 読(よ)みます。

□(シャワーを) あびますII〔浴びます〕 Take (a shower) / 洗（淋浴） / tắm (vòi sen)

シャワーを 浴(あ)びてから、テレビを 見(み)ます。

□～まえに〔～前に〕 Before ~ / ～之前 / trước ~

ご飯(はん)の 前(まえ)に、少(すこ)し 勉強(べんきょう)します。

□～あとで〔～後で〕 After ~ / ～之后 / sau ~

勉強(べんきょう)の 後(あと)で、ご飯(はん)を 食(た)べます。

漢字

漢字	読み	例
午	ゴ	午前(ごぜん)、午後(ごご)
前	ゼン	午前(ごぜん)
	まえ	前(まえ)
後	ゴ	午後(ごご)
	あと	後(あと)
	うし・ろ	後(うし)ろ
見	み・る	見(み)る
	み・える	見(み)える
毎	マイ	毎日(まいにち)、毎朝(まいあさ)
日	ニチ	日曜日(にちようび)
	か	三日(みっか)
	ひ	休(やす)みの日(ひ)

見える→7回目 毎朝：Every morning／每天早晨／ mỗi sáng

7 回目

日本語(にほんご)を　勉強(べんきょう)します

Learning Japanese
学习日语
Học tiếng Nhật

ことば

□おぼえますII〔覚えます〕 Learn, memorize／记，背诵／học thuộc, ghi nhớ

漢字(かんじ)を　覚(おぼ)えましょう。

□ききますI〔聞きます〕 ① Listen／听／nghe ② Ask／问／hỏi

①話(はなし)を　よく　聞(き)いて　ください。
②漢字(かんじ)が　分(わ)かりませんから、先生(せんせい)に　聞(き)きます。

□はなしますI〔話します〕 Speak／说话／nói chuyện

日本語(にほんご)で　話(はな)して　ください。

□ゆっくり Slowly／慢慢地／chậm rãi, từ tốn

□いいますI〔言います〕 Say／说／nói

ゆっくり　言(い)って　ください。

□かきますI〔書きます〕 Write／写／viết

漢字(かんじ)で　書(か)いて　ください。

□しつもん〔質問〕しますIII Ask a question／提问／đặt câu hỏi

質問(しつもん)は　ありますか。

□わかりますI〔分かります〕 Understand／明白／hiểu

この　言葉(ことば)が　分(わ)かりません。

□こえ〔声〕 Voice／声音／tiếng nói

□きこえますII〔聞こえます〕 Be heard, reach one's ear／听到／nghe được

声(こえ)が　よく　聞(き)こえません。

□みえますII〔見えます〕 Be seen, be in sight／看见／nhìn được

字(じ)が　小(ちい)さくて、見(み)えません。

□ちいさい〔小さい〕 Small／小／nhỏ ⇔ □おおきい〔大きい〕 Big／大／to, lớn

□やさしい〔易しい〕 Easy／容易／dễ ⇔ □むずかしい〔難しい〕 Hard／难／khó

漢字

漢字	読み	例
話	ワ はな・す	会話(かいわ) 話(はな)す
書	ショ か・く	辞書(じしょ) 書(か)く
言	い・う こと	言(い)う 言葉(ことば)
小	ショウ ちい・さい	小学校(しょうがっこう) 小(ちい)さい

会話：Conversation／对话／hội thoại　言葉：Word／词语／từ ngữ　辞書：Dictionary／词典／tự điển
小学校：Elementary school／小学／trường tiểu học

8 回目 今週(こんしゅう)は　何(なに)を　しますか

What will you do this week?
本周做什么？
Tuần này làm gì?

ことば

□ **～ようび〔～曜日〕** Day of the week / 星期～ / thứ ~
➔ まとめ「時を表す言葉」
今日(きょう)は　木曜日(もくようび)です。

□ **こんしゅう〔今週〕** This week / 本周 / tuần này

□ **ひまな〔暇な〕** Free, leisure / 有空 / rảnh rỗi
今週(こんしゅう)の　金曜日(きんようび)と　土曜日(どようび)は　暇(ひま)です。

□ **いそがしい〔忙しい〕** Busy, occupied / 繁忙 / bận rộn
来週(らいしゅう)の　火曜日(かようび)は　忙(いそが)しいです。

□ **はじまります I〔始まります〕** Begin, start / 开始 / bắt đầu
来週(らいしゅう)の　月曜日(げつようび)から　夏休(なつやす)みが　始(はじ)まります。

□ **おわります I〔終わります〕** Finish / 结束 / kết thúc
授業(じゅぎょう)は　３時(じ)に　終(お)わります。

□ **たくさん** A lot / 许多 / nhiều
⇔ 少(すこ)し
今日(きょう)は　宿題(しゅくだい)が　たくさん　あります。

□ **あさって** Day after tomorrow / 后天 / ngày mốt

□ **たんじょうび〔誕生日〕** Birthday / 生日 / sinh nhật
あさっては　私(わたし)の　誕生日(たんじょうび)です。

□ **おととい** Day before yesterday / 前天 / hôm kia

□ **やすみます I〔休みます〕** Take a day off / 请假 / nghỉ
おととい　学校(がっこう)を　休(やす)みました。

□ **こんばん〔今晩〕** Tonight, this evening / 今晚 / tối nay
今晩(こんばん)は　早(はや)く　寝(ね)ます。

漢字

漢字	読み	例
今	コン	今週(こんしゅう)、今月(こんげつ)
	いま	今(いま)
月	ガツ	七月(しちがつ)
	ゲツ	月曜日(げつようび)、来月(らいげつ)
	つき	月(つき)
火	カ	火曜日(かようび)
	ひ	火(ひ)
木	モク	木曜日(もくようび)
	き	木(き)
金	キン	金曜日(きんようび)
	かね	お金(かね)
土	ド	土曜日(どようび)

今：Now, present ／现在／ bây giờ　月：Moon ／月亮／ Mặt trăng　火：Fire ／火／ lửa　木：Tree ／树木／ cây
お金：Money ／钱／ tiền

9 回目 好きな　食べ物は　何ですか

What is your favorite food?
喜欢吃什么?
Thức ăn ưa thích là gì?

ことば

□やさい〔野菜〕 Vegetable 蔬菜 rau củ

□くだもの〔果物〕 Fruit 水果 trái cây

□おかし〔お菓子〕 Snack 点心（包括咸、辣等口味） bánh kẹo

□りょうり〔料理〕 Dish 菜肴 món ăn, ẩm thực

日本の　料理が　好きですか。

□さかな〔魚〕 Fish 鱼 cá

これは　魚の　料理です。

□にく〔肉〕 Meat 肉 thịt

これは　何の　肉ですか。

□たべもの〔食べ物〕 Food 食物 thức ăn

好きな　食べ物は　すしです。

□のみもの〔飲み物〕 Drink 饮料 đồ uống

飲み物は　何が　いいですか。

□チョコレート Chocolate 巧克力 chocolate

□あまい〔甘い〕 Sweet 甜 ngọt

この　チョコレートは　とても　甘いです。

□からい〔辛い〕 Spicy, hot 辣 cay

私は　辛い　食べ物が　好きです。

□すきな〔好きな〕 Favorite 喜欢 thích ⇔ □きらいな〔嫌いな〕 Dislike, hate 厌恶 ghét

漢字

漢字	読み	例
何	なに なん	何 何人
肉	ニク	肉、 牛肉、豚肉、とり肉
魚	さかな	魚
子	シ こ	お菓子 子ども

何→まとめ「疑問詞」　何人→まとめ「教え方」　牛肉：Beef／牛肉／thịt bò　豚肉：Pork／猪肉／thịt lợn
とり肉：Chicken／鸡肉／thịt gà　子ども：Child／儿童／trẻ em

8・9

10回目 店で　注文します

Ordering something at a shop
在店里点菜
Gọi món ở quán ăn

ことば

□（お）みせ〔（お）店〕　Store, shop／商店，饭馆／cửa hàng, quán ăn
うちの　近くに　いい　お店が　あります。

□レストラン　Restaurant／餐厅／nhà hàng
それは　日本料理の　レストランです。

□～じ〔～時〕　~o'clock／～点／~ giờ
➔まとめ「時を表す言葉」
今　何時ですか。

□あきますⅠ〔開きます〕　Open／开门／mở cửa
その　店は　11時に　開きます。

□しまりますⅠ〔閉まります〕　Close／关门／đóng cửa
この　レストランは　2時に　閉まります。

□はいりますⅠ〔入ります〕　Enter, go in／进入／vào
私は　レストランに　入りました。

□でますⅡ〔出ます〕　Leave, get out／离开／ra
私たちは　1時に　店を　出ました。

□しょくどう〔食堂〕　Restaurant, cafeteria／食堂，小吃店／nhà ăn
食堂で　ご飯を　食べました。

□おねがいします。〔お願いします。〕　Please ~.／请给我～。请您～。／Xin làm ơn.
メニューを　お願いします。

□～を　ください。　Please (give me)~.／请给我～。／Làm ơn (cho tôi) ~.
コーヒーを　ください。

□おなじ〔同じ〕　Same／相同／giống nhau
姉と　同じ　料理を　食べます。

□つめたい〔冷たい〕　Cold／凉／lạnh　⇔　□あつい〔熱い〕　Hot／热／nóng

□おいしい　Delicious／美味／ngon　⇔　□まずい　Not delicious／难吃／dở

漢字

入	はい・る	（人が店に）入る	時	ジ	～時（十一時、何時）
	い・れる	（紅茶に砂糖を）入れる		とき	（子どもの）時
出	で・る	（人が店を）出る	同	おな・じ	同じ
	だ・す	（先生に宿題を）出す			

出す：Submit／提交／đưa, nộp　（子どもの）時：When (someone was a child)／（小）时候／lúc (nhỏ)

数字(すうじ)

Figures
数字
Số

1. 数字(すうじ)の漢字(かんじ) *Kanji* for figures／数字的汉字／Hán tự về số

1	2	3	4	5
いち 一	に 二	さん 三	よん／し 四	ご 五
6	7	8	9	10
ろく 六	なな／しち 七	はち 八	きゅう／く 九	じゅう 十
100	1,000	10,000	100,000	1,000,000
ひゃく 百	せん 千	いちまん 一万	じゅうまん 十万	ひゃくまん 百万

2. 数字(すうじ)の読(よ)み方(かた) How to read figures／数字的读法／Cách đọc số

20	にじゅう	200	にひゃく	2000	にせん
30	さんじゅう	300	さんびゃく	3000	さんぜん
40	よんじゅう	400	よんひゃく	4000	よんせん
50	ごじゅう	500	ごひゃく	5000	ごせん
60	ろくじゅう	600	ろっぴゃく	6000	ろくせん
70	ななじゅう	700	ななひゃく	7000	ななせん
80	はちじゅう	800	はっぴゃく	8000	はっせん
90	きゅうじゅう	900	きゅうひゃく	9000	きゅうせん

■＝読(よ)み方(かた)に注意(ちゅうい)

11回目 買(か)い物(もの)に　行(い)きます　I

Going shopping I
去购物 1
Đi mua sắm 1

ことば

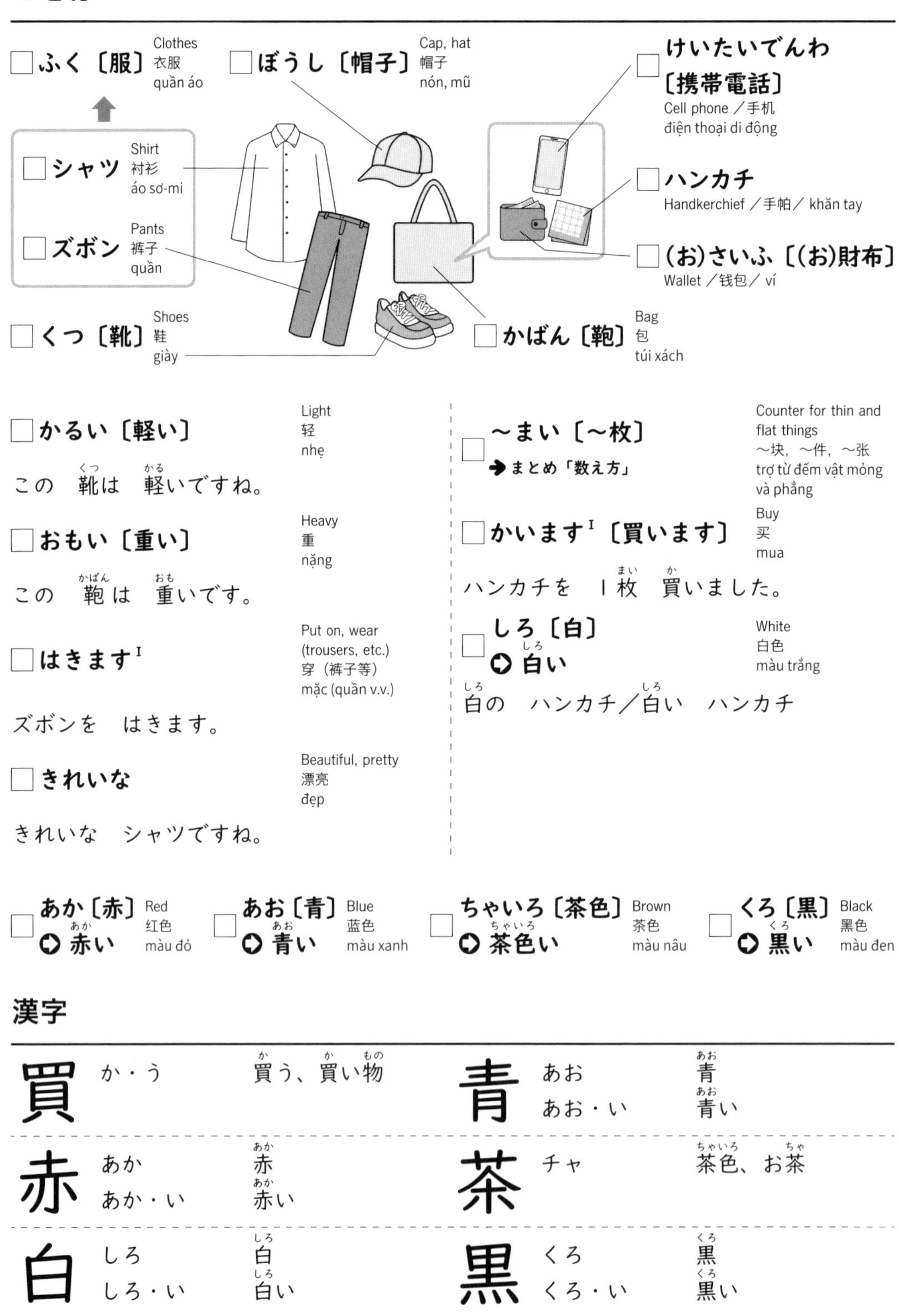

- □ふく〔服〕 Clothes / 衣服 / quần áo
  - □シャツ Shirt / 衬衫 / áo sơ-mi
  - □ズボン Pants / 裤子 / quần
- □ぼうし〔帽子〕 Cap, hat / 帽子 / nón, mũ
- □けいたいでんわ〔携帯電話〕 Cell phone／手机 / điện thoại di động
- □ハンカチ Handkerchief／手帕／ khăn tay
- □(お)さいふ〔(お)財布〕 Wallet／钱包／ ví
- □くつ〔靴〕 Shoes / 鞋 / giày
- □かばん〔鞄〕 Bag / 包 / túi xách

□かるい〔軽い〕 Light / 轻 / nhẹ

この　靴(くつ)は　軽(かる)いですね。

□おもい〔重い〕 Heavy / 重 / nặng

この　鞄(かばん)は　重(おも)いです。

□はきますI Put on, wear (trousers, etc.) / 穿（裤子等） / mặc (quần v.v.)

ズボンを　はきます。

□きれいな Beautiful, pretty / 漂亮 / đẹp

きれいな　シャツですね。

□～まい〔～枚〕 Counter for thin and flat things / ～块，～件，～张 / trợ từ đếm vật mỏng và phẳng

➔まとめ「数え方」

□かいますI〔買います〕 Buy / 买 / mua

ハンカチを　1枚(まい)　買(か)いました。

□しろ〔白〕 White / 白色 / màu trắng
➔ 白(しろ)い

白(しろ)の　ハンカチ／白(しろ)い　ハンカチ

□あか〔赤〕 Red / 红色 / màu đỏ ➔ 赤(あか)い

□あお〔青〕 Blue / 蓝色 / màu xanh ➔ 青(あお)い

□ちゃいろ〔茶色〕 Brown / 茶色 / màu nâu ➔ 茶色(ちゃいろ)い

□くろ〔黒〕 Black / 黑色 / màu đen ➔ 黒(くろ)い

漢字

漢字	読み	例	漢字	読み	例
買	か・う	買(か)う、買(か)い物(もの)	青	あお あお・い	青(あお) 青(あお)い
赤	あか あか・い	赤(あか) 赤(あか)い	茶	チャ	茶色(ちゃいろ)、お茶(ちゃ)
白	しろ しろ・い	白(しろ) 白(しろ)い	黒	くろ くろ・い	黒(くろ) 黒(くろ)い

12 回目 買(か)い物(もの)に　行(い)きます　2

Going shopping 2
去购物 2
Đi mua sắm 2

ことば

□ **スーパー** — Supermarket / 超市 / siêu thị

私(わたし)は　兄(あに)と　スーパーへ　行(い)きました。

□ **あるきますⅠ〔歩きます〕** — Walk / 步行 / đi bộ

歩(ある)いて　スーパーへ　行(い)きます。

□ **～えん〔～円〕** — ~ yen / ～日元 / ~ yen

➔ まとめ「数え方」

□ **あげますⅡ** — Give / 给 / cho

母(はは)は　兄(あに)に　一万五千円(いちまんごせんえん)　あげました。

□ **もらいますⅠ** — Receive / 收到 / nhận

兄(あに)は　母(はは)に　一万五千円(いちまんごせんえん)　もらいました。

□ **うわぎ〔上着〕** — Jacket, coat / 上衣 / áo khoác

□ **きますⅡ〔着ます〕** — Wear, put on / 穿 / mặc

外(そと)に　出(で)ますから、上着(うわぎ)を　着(き)ます。

□ **ぬぎますⅠ〔脱ぎます〕** — Take off / 脱 / cởi

店(みせ)で　上着(うわぎ)を　脱(ぬ)ぎました。

□ **たまご〔卵〕** — Egg / 鸡蛋 / trứng

卵(たまご)は　どこに　ありますか。

□ **ぎゅうにゅう〔牛乳〕** — Milk / 牛奶 / sữa

パンと　牛乳(ぎゅうにゅう)を　買(か)います。

□ **いくら** — How much / 多少钱 / bao nhiêu

これは　いくらですか。

□ **～グラム〔～g〕** — ~ gram / ～克 / ~ gram

➔ まとめ「数え方」

料理(りょうり)に　牛肉(ぎゅうにく)を　五(ご)、六百(ろっぴゃく)グラム　使(つか)います。

□ **（値段(ねだん)が）たかい〔高い〕** — Expensive / （价格）贵 / đắt tiền　⇔　□ **やすい〔安い〕** — Cheap, inexpensive / 便宜 / rẻ

漢字

漢字	読み	例	漢字	読み	例
着	き・る	着(き)る、上着(うわぎ)	万	マン	万(まん)、一万円(いちまんえん)
百	ヒャク	百(ひゃく)、六百(ろっぴゃく)	円	エン	～円(えん)（千六百円(せんろっぴゃくえん)、一万円(いちまんえん)）
千	セン	千(せん)、千円(せんえん)、三千円(さんぜんえん)	安	アン やす・い	安心(あんしん) 安(やす)い

安心：Relief／放心／sự yên tâm

数え方（助数詞）

How to count (counter suffixes)
计数方式（量词）
Cách đếm (trợ từ đếm)

	～メートル ~ meter ～米 ~ mét ～まい〔～枚〕 Counter for thin and flat things ～块，～件，～张 trợ từ đếm vật mỏng và phẳng ～グラム ~ gram ～克 ~ gram ～だい〔～台〕 Counter for machines, cars ～台，～辆 trợ từ đếm máy móc, xe cộ	～えん〔～円〕 ~ yen ～日元 ~ yen ～ねん〔～年〕 ~ year ～年 ~ năm	～かい〔～回〕 ~ time ～次 ~ lần ～こ〔～個〕 Counter for things ～个 trợ từ đếm vật	～さい〔～歳〕 ~ years old ～岁 ~ tuổi
1	いち	いち	いっ	いっ
2	に	に	に	に
3	さん	さん	さん	さん
4	よん	よ	よん	よん
5	ご	ご	ご	ご
6	ろく	ろく	ろっ	ろく
7	なな	なな／しち※	なな	なな
8	はち	はち	はっ	はっ
9	きゅう	きゅう	きゅう	きゅう
10	じゅう	じゅう	じゅっ／じっ	じゅっ／じっ
?	なん			

※「しち」は「円」には使いません。（×しちえん）
「しち」is not used with「円」. (×しちえん)
“しち”和“円”不能搭配使用。（×しちえん）
“しち” không dùng với “円”. (×しちえん)

＝読み方に注意

＊特別(とくべつ)な読(よ)み方(かた)

	～にん〔～人〕 Counter for the number of people ～人 ~ người	～つ Counter for things ～个 trợ từ đếm vật ※1～10に使(つか)います。 Used for 1 to 10 用于1-10。 Dùng từ 1 đến 10.	～ほん〔～本〕／ ～はい〔～杯〕 Counter for thin and long things/ Counter for glassfuls, bowlfuls ～根，～瓶，～条，～支／ ～杯，～碗 trợ từ đếm vật thuôn dài/ trợ từ đếm vật đựng trong ly, chén	～かい〔～階〕 Counter for floors of a building ～层 tầng ~, ~ tầng
1	ひとり	ひとつ	いっぽん／いっぱい	いっかい
2	ふたり	ふたつ	にほん／にはい	にかい
3	さんにん	みっつ	さんぼん／さんばい	さんがい
4	よにん	よっつ	よんほん／よんはい	よんかい
5	ごにん	いつつ	ごほん／ごはい	ごかい
6	ろくにん	むっつ	ろっぽん／ろっぱい	ろっかい
7	なな／しちにん	ななつ	ななほん／ななはい	ななかい
8	はちにん	やっつ	はっぽん／はっぱい	はち／はっかい
9	きゅうにん	ここのつ	きゅうほん／きゅうはい	きゅうかい
10	じゅうにん	とお※	じゅっぽん／じゅっぱい じっぽん／じっぱい	じゅっ／じっかい
?	なんにん	いくつ	なんぼん／なんばい	なんがい

※特別(とくべつ)な形(かたち)

■＝読(よ)み方(かた)に注意(ちゅうい)

まとめ

13回目 パーティーを　しましょう

Having a party
开派对
Mở tiệc

ことば

□ **パーティー**
Party / 派对 / tiệc
来週（らいしゅう）　パーティーを　します。

□ **～にん〔～人〕**
➔ まとめ「数え方」
Counter for the number of people / ～人 / ~ người
友（とも）だちが　10人（にん）　来（き）ます。

□ **もって　いきます[I]〔持って　行きます〕**
Take along / 拿走 / mang đi
私（わたし）は　飲（の）み物（もの）を　持（も）って　行（い）きます。

□ **もって　きます[III]〔持って　来ます〕**
Bring / 拿来 / mang đến
ここに　椅子（いす）を　持（も）って　来（き）て　ください。

□ **～ほん〔～本〕**
➔ まとめ「数え方」
Counter for thin and long things / ～根，～瓶，～条，～支 / trợ từ đếm vật thuôn dài
ジュースを　8本（ぼん）　買（か）いました。

□ **～こ〔～個〕**
㊂ ～つ
➔ まとめ「数え方」
Counter for things / ～个 / trợ từ đếm vật nhỏ
ケーキを　6個（こ）　買（か）いました。

□ **つくります[I]〔作ります〕**
Make / 制作，做 / nấu
料理（りょうり）を　作（つく）りましょう。

□ **じゅうぶん〔十分〕**
Enough / 足够，充足 / đủ
料理（りょうり）は　十分（じゅうぶん）　ありますか。

□ **はんぶん〔半分〕**
Half / 一半 / một nửa
ケーキを　半分（はんぶん）　食（た）べました。

□ **テーブル**
Table / 桌子 / bàn

□ **ならべます[II]〔並べます〕**
Set up/out / 摆放 / xếp thành hàng, đặt cạnh
テーブルに　コップを　並（なら）べます。

漢字

漢字	読み	例
人	ジン ニン ひと	～人（じん）（日本人（にほんじん）） 十人（じゅうにん） 人（ひと）
半	ハン	半分（はんぶん）、一時半（いちじはん）
作	サク つく・る	作文（さくぶん） 作（つく）る
分	ブン フン わ・かる	半分（はんぶん）、十分（じゅうぶん） ～分（ふん）（一分（いっぷん）、二分（にふん）） 分（わ）かる
本	ホン	本（ほん）、～本（ほん）（八本（はっぽん））

日本人：Japanese people／日本人／người Nhật
人：Person／人／người　作文：Composition／作文／bài làm văn
本：Book／书／sách

14 回目 道(みち)を　聞(き)きましょう

Asking the way
问路
Hỏi đường

ことば

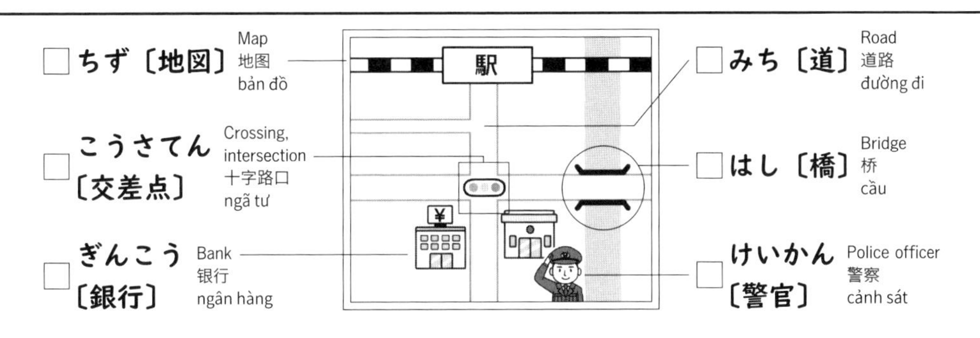

□ ちず〔地図〕 Map 地图 bản đồ

□ こうさてん〔交差点〕 Crossing, intersection 十字路口 ngã tư

□ ぎんこう〔銀行〕 Bank 银行 ngân hàng

□ みち〔道〕 Road 道路 đường đi

□ はし〔橋〕 Bridge 桥 cầu

□ けいかん〔警官〕 Police officer 警察 cảnh sát

□ こうばん〔交番〕 Police box 派出所 đồn cảnh sát

交番(こうばん)で　道(みち)を　聞(き)きましょう。

□ (時間(じかん)が) かかります[I] Take (time) 花费（时间） mất (thời gian)

ここから　駅(えき)まで　５分(ふん)ぐらい　かかります。

□ まっすぐ Straight 直 thẳng

この　道(みち)を　まっすぐ　行(い)きます。

□ (橋(はし)、道(みち)を) わたります[I]〔渡ります〕 Cross (a bridge, a road) 过（桥，道路） băng qua (cầu, đường)

橋(はし)を　渡(わた)ります。

□ あいだ〔間〕 Between 之间 khoảng giữa

銀行(ぎんこう)と　スーパーの　間(あいだ)に　道(みち)が　あります。

□ つぎ〔次〕 Next 下一个 kế tiếp

次(つぎ)の　交差点(こうさてん)を　左(ひだり)に　曲(ま)がります。

□ まがります[I]〔曲がります〕 Turn 拐弯 rẽ

その　道(みち)を　右(みぎ)に　曲(ま)がって　ください。

□ (道(みち)が) ほそい〔細い〕 Narrow (road) (道路) 窄 (đường) hẹp　⇔　□ (道(みち)が) ひろい〔広い〕 Wide (road) (道路) 宽 (đường) rộng

漢字

漢字	読み	例
道	みち	道(みち)
聞	ブン き・く	新聞(しんぶん) 聞(き)く
間	カン あいだ	時間(じかん) 間(あいだ)
右	みぎ	右(みぎ)
左	ひだり	左(ひだり)

新聞：Newspaper／报纸／báo　時間：Time／时间／thời gian

13・14

15 回目 どうやって　行（い）きますか

How do you get there?
如何去?
Đi bằng cách nào?

ことば

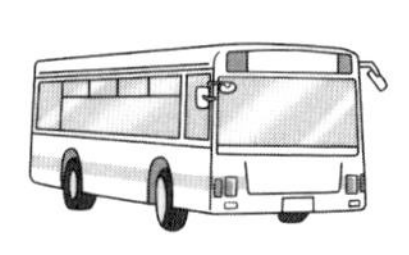

□ くるま〔車〕 Car 汽车 xe
□ でんしゃ〔電車〕 Train 电车 tàu điện
□ バス Bus 公共汽车 xe buýt
□ タクシー Taxi 出租车 xe taxi
□ じてんしゃ〔自転車〕 Bicycle 自行车 xe đạp

□ のりますI〔乗ります〕 Get on, take, ride 骑，乘坐 lên (xe), chạy (xe)
自転車（じてんしゃ）に　乗（の）ります。

□ おりますII〔降ります〕 Get off 下车 xuống
バスを　降（お）ります。

□ とまりますI〔止まります〕 Stop 停止 dừng
電車（でんしゃ）が　止（と）まります。

□ ～（つ）め〔～（つ）目〕 The -st, -nd, -rd, -th ~ 第～ trợ từ đếm chỉ thứ tự
ここから　三（みっ）つ目（め）の　駅（えき）で　電車（でんしゃ）を　降（お）ります。

□ よびますI〔呼びます〕 Call 叫，打 gọi
タクシーを　１台（だい）　呼（よ）びましょう。

□ でかけますII〔出かけます〕 Go out 出门 ra ngoài
車（くるま）で　出（で）かけます。

□ きた〔北〕 North 北 Bắc
□ にし〔西〕 West 西 Tây
□ ひがし〔東〕 East 东 Đông
□ みなみ〔南〕 South 南 Nam

漢字

漢字	読み	例
車	シャ くるま	電車（でんしゃ）、自転車（じてんしゃ） 車（くるま）
東	トウ ひがし	東京（とうきょう） 東（ひがし）
西	にし	西（にし）
南	みなみ	南（みなみ）
北	きた	北（きた）

東京：Tokyo／东京／Tokyo

疑問詞(ぎもんし)

Interrogative words
疑问词
Nghi vấn từ

なに／なん〔何〕	What 什么 cái gì	朝(あさ)ご飯(はん)に　何(なに)を　食(た)べましたか。 これは　何(なん)ですか。
いつ	When 什么时候 khi nào	誕生日(たんじょうび)は　いつですか。
だれ	Who 谁 ai	だれが　パーティーに　来(き)ますか。
どれ	Which 哪个 cái nào	森(もり)さんの　本(ほん)は　どれですか。
どの	Which 哪个 ~ nào	森(もり)さんは　どの　人(ひと)ですか。
どんな	What kind of 什么样 như thế nào	森(もり)さんは　どんな　人(ひと)ですか。
どこ	Where 哪里 ở đâu	森(もり)さんの　家(いえ)は　どこですか。
どうして	Why 为什么 vì sao	どうして　日本(にほん)に　来(き)ましたか。
どう	How 怎么样 thế nào	日本語(にほんご)の　勉強(べんきょう)は　どうですか。
どのぐらい／くらい	① How long ／多久 bao lâu ② How much ／多少 bao nhiêu	①どのぐらい／くらい　日本(にほん)に　いますか。 ②朝(あさ)は　どのぐらい／くらい　ご飯(はん)を　食(た)べますか。
どうやって	How 如何 bằng cách nào	どうやって　学校(がっこう)に　行(い)きますか。
なんねん〔何年〕	① What year ／哪一年 năm nào ② How many years 多少年／ mấy năm	①弟(おとうと)さんは　何年(なんねん)に　生(う)まれましたか。 ②日本(にほん)に　何年(なんねん)　住(す)んで　いますか。
なんがつ〔何月〕	What month 几月 mấy tháng	誕生日(たんじょうび)は　何月(なんがつ)ですか。
なんにち〔何日〕	What date 几号 mấy ngày	試験(しけん)は　何日(なんにち)ですか。
なんようび〔何曜日〕	What day of the week 星期几 thứ mấy	今日(きょう)は　何曜日(なんようび)ですか。
なんじ〔何時〕	What time 几点 mấy giờ	今(いま)　何時(なんじ)ですか。

16 回目 天気は　どうですか

How is the weather?
天气如何?
Thời tiết thế nào?

ことば

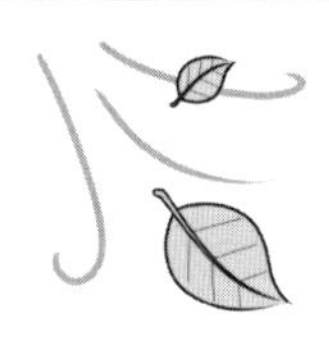

□ はれ〔晴れ〕 Sunny 晴天 trời nắng	□ くもり〔曇り〕 Cloudy 阴天 trời nhiều mây	□ あめ〔雨〕 Rain 雨 mưa	□ ゆき〔雪〕 Snow 雪 tuyết	□ かぜ〔風〕 Wind 风 gió

□ てんき〔天気〕　Weather / 天气 / thời tiết

今日の　天気は　どうですか。

□ そら〔空〕　Sky / 天空 / bầu trời

空が　暗いです。

□ (傘を) さしますI　Put up/hold (an umbrella) / 打（伞）/ che (dù)

みんな　傘を　さして　います。

□ (風が) ふきますI〔吹きます〕　(The wind) blow / 刮（风）/ (gió) thổi

強い　風が　吹いて　います。

□ (雨、雪が) ふりますI〔降ります〕　Fall (rain, snow) / 下（雨、雪）/ (mưa, tuyết) rơi

雨が　降って　います。

□ (雨、雪、風が) やみますI　(Rain, snow, wind) stop / （雨、雪、风）停 / (mưa) tạnh, (tuyết) ngừng rơi, (gió) lặng

雨が　やみました。

□ あつい〔暑い〕 Hot 热 nóng ⇔ □ さむい〔寒い〕 Cold 冷 lạnh

□ つよい〔強い〕 Strong 强，大 mạnh ⇔ □ よわい〔弱い〕 Weak 微弱 nhẹ

漢字

漢字	読み	例
天	テン	天気
気	キ	天気、元気な、気持ちがいい
雨	あめ	雨
雪	ゆき	雪
空	クウ / そら	空気 / 空

元気な→ 20 回目
気持ちがいい：Feel good, nice ／舒服／ dễ chịu
空気：Air ／空气／ không khí

17 回目 旅行（りょこう）は　どうでしたか

How was the trip?
旅行如何?
Chuyến du lịch thế nào?

ことば

□りょこう〔旅行〕します[III]
Travel / 旅游 / du lịch

夏休み（なつやす）は　京都（きょうと）へ　旅行（りょこう）しました。

□うみ〔海〕
Sea / 大海 / biển

海（うみ）で　泳（およ）ぎました。

□かわ〔川〕
River / 河 / sông

その　町（まち）に　大（おお）きい　川（かわ）が　あります。

□やま〔山〕
Mountain / 山 / núi

□のぼります[I]〔登ります〕
Climb, go up / 攀登 / leo

山（やま）に　登（のぼ）りました。

□たのしい〔楽しい〕
Fun / 愉快 / vui

旅行（りょこう）は　楽（たの）しかったです。

□～ねんまえ〔～年前〕
~ years ago / ～年前 / ~ năm về trước

３年前（ねんまえ）に、東京（とうきょう）に　行（い）きました。

□たてもの〔建物〕
Building / 建筑 / tòa nhà

古（ふる）い　建物（たてもの）を　見（み）ました。

□ゆうめいな〔有名な〕
Famous / 著名 / nổi tiếng

有名（ゆうめい）な　レストランに　行（い）きました。

□おおい〔多い〕
Large number, many / 多 / đông
⇔ □すくない〔少ない〕
Few, not many / 少 / vắng

□おもしろい〔面白い〕
Interesting, funny / 有趣，有意思 / hay, buồn cười
⇔ □つまらない
Boring / 无聊 / chán

漢字

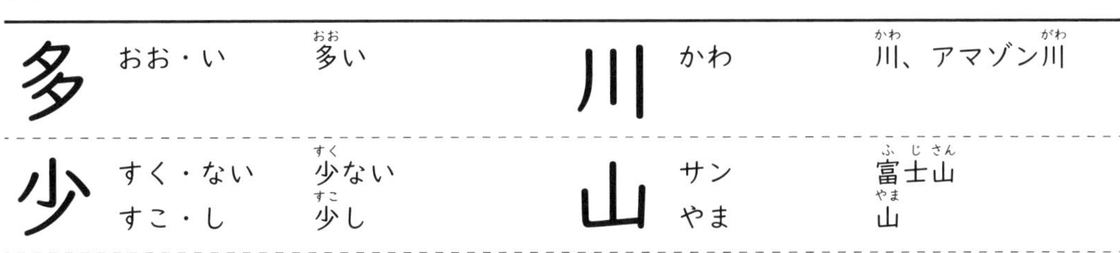

多	おお・い	多（おお）い
川	かわ	川（かわ）、アマゾン川（がわ）
少	すく・ない すこ・し	少（すく）ない 少（すこ）し
山	サン やま	富士山（ふじさん） 山（やま）

アマゾン川：The Amazon river ／亚马逊河／ sông Amazon　富士山：Mt. Fuji ／富士山／ núi Phú Sĩ

16・17

18回目 仕事を　します

Working
工作
Làm việc

ことば

□たいへんな〔大変な〕　Hard, difficult / 辛苦 / vất vả

この　仕事は　とても　大変です。

□とけい〔時計〕　Clock, watch / 钟表 / đồng hồ

この　部屋に　時計は　ありますか。

□かみ〔紙〕　Paper / 纸 / giấy

コピーの　紙が　なくなりました。

□きりますⅠ〔切ります〕　Cut, snip / 剪，切 / cắt

はさみで　紙を　切ります。

□メールアドレス　Email address / 电子邮箱地址 / địa chỉ email

□おしえますⅡ〔教えます〕　① Tell／告诉 cho biết　② Teach, instruct 教／dạy

①メールアドレスを　教えて　ください。
②パソコンの　使い方を　教えて　ください。

□じゅうしょ〔住所〕　Address / 地址 / địa chỉ

この　住所は　どう　読みますか。

□たいせつな〔大切な〕　Important / 重要 / quan trọng

大切な　ことを　ノートに　書きました。

□おさきに〔お先に〕（失礼します）。　Pardon me for leaving first. / 先（告辞）了。 / Tôi phép về trước.

お先に　失礼します。

□かしますⅠ〔貸します〕　Lend / 借给（别人） / cho mượn

田中さんは　私に　ペンを　貸しました。

□かりますⅡ〔借ります〕　Borrow / （向别人）借 / mượn

私は　田中さんに　ペンを　借りました。

□（電気を）けしますⅠ〔消します〕　Turn off (the light) / 关（灯） / tắt (đèn)　⇔　□（電気を）つけますⅡ　Turn on (the light) / 开（灯） / mở (đèn)

漢字

漢字	読み	例
読	ドク よ・む	読書 読む、読み方
消	き・える け・す	（電気が）消える （電気を）消す
電	デン	電気、電話、 電車
先	セン さき	先生、先月 お先に、ペンの先

読書：Reading／读书／việc đọc sách　読み方：Way of reading／读法／cách đọc
電気：Electricity, electric light／电，电灯／điện, đèn　電話：Phone／电话／điện thoại
（電気が）消える：(The light) go off／（电灯）关／(đèn) tắt　ペンの先：Tip of a pen／笔尖／ngòi bút

19 回目 掃除しましょう

Cleaning
打扫卫生
Quét dọn

ことば

□そうじ〔掃除〕しますIII　Clean／清扫／quét dọn

部屋を　掃除しましょう。

□つくえ〔机〕　Desk／书桌／bàn học

机の　下に　ごみが　あります。

□ごみ　Trash／垃圾／rác

ごみを　部屋の　外に　出します。

□ごみばこ〔ごみ箱〕　Trash can／垃圾箱／thùng rác

ごみを　ごみ箱の　中に　入れます。

□おきますI〔置きます〕　Put／放置／đặt

机の　上に　本を　置きます。

□せんたく〔洗濯〕しますIII　Wash (clothes)／洗衣服／giặt

服を　洗濯します。

□あらいますI〔洗います〕　Wash／洗／rửa, giặt

コップを　洗います。

□あけますII〔開けます〕　Open／打开／mở

ドアを　開けました。

□まど〔窓〕　Window／窗户／cửa sổ

□しめますII〔閉めます〕　Close／关闭／đóng

窓を　閉めて　ください。

□きたない〔汚い〕　① Messy／凌乱／bừa bãi　② Dirty／脏／dơ bẩn

①部屋が　汚いですから、掃除します。
②窓が　汚いです。

□きれいな　① Tidy／干净，整洁／gọn gàng　② Clean／漂亮／sạch sẽ

①姉の　部屋は　いつも　きれいです。
②この　コップは　きれいですか。

漢字

上	うえ うわ	上 上着	下	した	下
中	チュウ なか	中国 中	外	ガイ そと	外国 外

中国：China／中国／Trung Quốc　外国：Foreign country／外国／ngoại quốc

20 回目 体(からだ)の　調子(ちょうし)は　どうですか

How is your physical condition?
身体如何?
Tình trạng cơ thể thế nào?

ことば

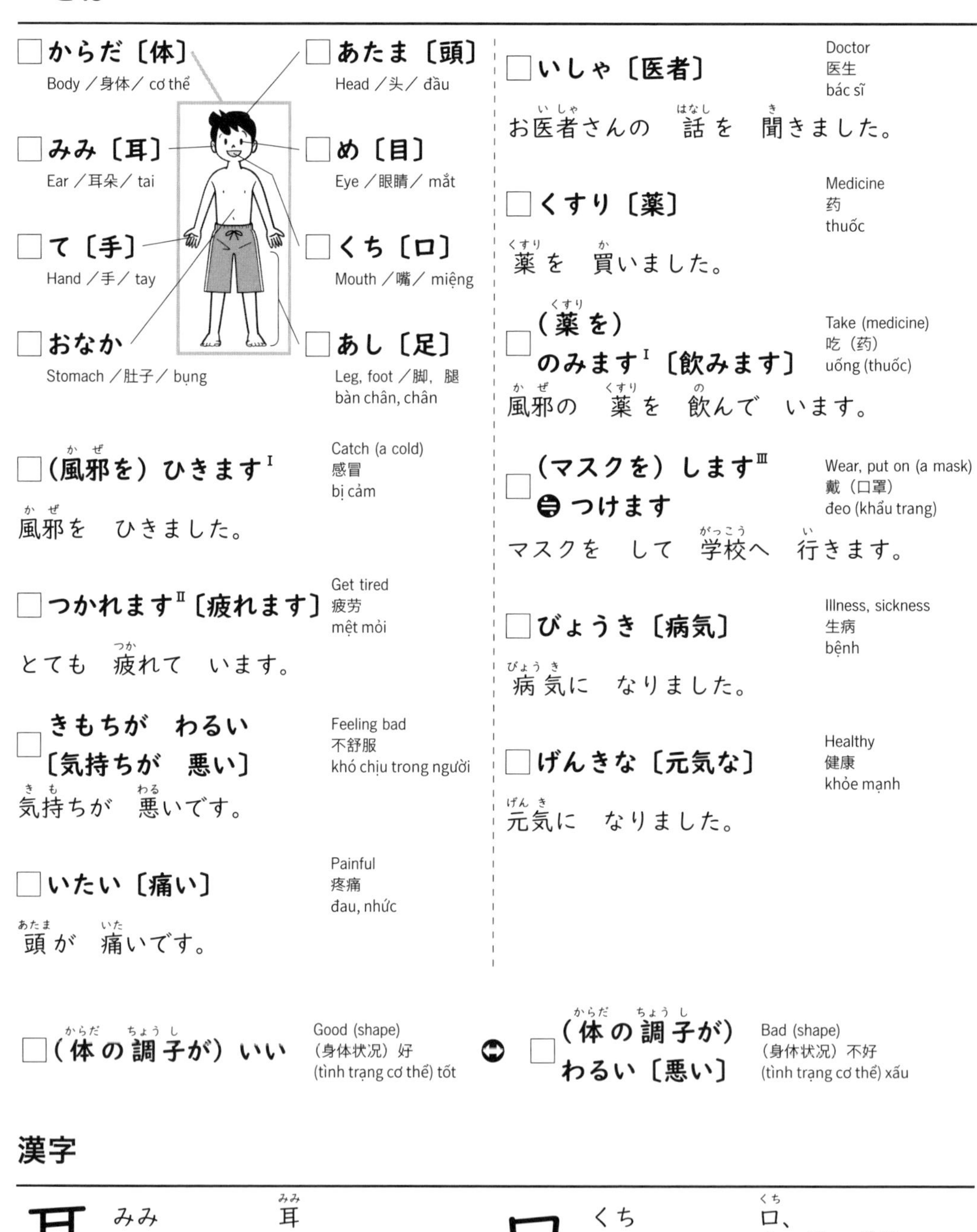

- □からだ〔体〕 Body／身体／cơ thể
- □あたま〔頭〕 Head／头／đầu
- □みみ〔耳〕 Ear／耳朵／tai
- □め〔目〕 Eye／眼睛／mắt
- □て〔手〕 Hand／手／tay
- □くち〔口〕 Mouth／嘴／miệng
- □おなか Stomach／肚子／bụng
- □あし〔足〕 Leg, foot／脚，腿 bàn chân, chân

□(風邪(かぜ)を) ひきます[I]　Catch (a cold) 感冒 bị cảm
風邪(かぜ)を　ひきました。

□つかれます[II]〔疲れます〕　Get tired 疲劳 mệt mỏi
とても　疲(つか)れて　います。

□きもちが　わるい〔気持ちが　悪い〕　Feeling bad 不舒服 khó chịu trong người
気持(きも)ちが　悪(わる)いです。

□いたい〔痛い〕　Painful 疼痛 đau, nhức
頭(あたま)が　痛(いた)いです。

□いしゃ〔医者〕　Doctor 医生 bác sĩ
お医者(いしゃ)さんの　話(はなし)を　聞(き)きました。

□くすり〔薬〕　Medicine 药 thuốc
薬(くすり)を　買(か)いました。

□(薬(くすり)を) のみます[I]〔飲みます〕　Take (medicine) 吃（药） uống (thuốc)
風邪(かぜ)の　薬(くすり)を　飲(の)んで　います。

□(マスクを) します[III] ⊜ つけます　Wear, put on (a mask) 戴（口罩） đeo (khẩu trang)
マスクを　して　学校(がっこう)へ　行(い)きます。

□びょうき〔病気〕　Illness, sickness 生病 bệnh
病気(びょうき)に　なりました。

□げんきな〔元気な〕　Healthy 健康 khỏe mạnh
元気(げんき)に　なりました。

□(体(からだ)の調子(ちょうし)が) いい　Good (shape) (身体状况) 好 (tình trạng cơ thể) tốt
⇔
□(体(からだ)の調子(ちょうし)が) わるい〔悪い〕　Bad (shape) (身体状况) 不好 (tình trạng cơ thể) xấu

漢字

漢字	読み	例
耳	みみ	耳(みみ)
口	くち	口(くち)、入り口(いりぐち)、出口(でぐち)
目	め	目(め)
足	あし た・す	足(あし) 足(た)す

入り口：Entrance／入口／lối vào　出口：Exit／出口／lối ra　足す：Add／加／thêm vào

索引—語彙—

Index: Vocabulary　索引：词汇　Mục lục tra cứu: Từ vựng

索引—漢字（読み）—

Index: *Kanji* (reading)　索引：汉字（读法）　Mục lục tra cứu: Hán tự (âm đọc)

索引（さくいん）——漢字（かんじ）（画数（かくすう））——

Index: *Kanji* (number of strokes)　索引：汉字（笔画数）　Mục lục tra cứu: Hán tự (số nét)

各回のイラスト

1回目　琵琶湖　（滋賀県）
2回目　信楽焼　（滋賀県）
3回目　鈴鹿サーキット　（三重県）
4回目　奈良公園の鹿　（奈良県）
5回目　東大寺の大仏　（奈良県）
6回目　梅干し　（和歌山県）
7回目　たこ焼き・通天閣　（大阪府）
8回目　漫才　（大阪府）
9回目　五山の送り火　（京都府）
10回目　舞妓　（京都府）
11回目　姫路城　（兵庫県）
12回目　阿波踊り　（徳島県）
13回目　土佐犬　（高知県）
14回目　みかん　（愛媛県）
15回目　金刀比羅宮　（香川県）
16回目　桃太郎　（岡山県）
17回目　鳥取砂丘　（鳥取県）
18回目　出雲大社　（島根県）
19回目　厳島神社　（広島県）
20回目　ふぐ　（山口県）

著者
本田 ゆかり（ほんだ ゆかり）
東京外国語大学大学院国際学研究院　特別研究員
Associate in Research, Edwin O. Reischauer Institute of Japanese Studies
Showa Boston Institute　非常勤講師

前坊 香菜子（まえぼう かなこ）
NPO法人日本語教育研究所　研究員、高崎経済大学、聖学院大学、武蔵野大学　非常勤講師

菅原 裕子（すがわら ゆうこ）
NPO法人日本語教育研究所　研究員、リンゲージ日本語学校　企業派遣講師、フリーランス日本語インストラクター

関 裕子（せき ゆうこ）
筑波大学グローバルコミュニケーション教育センター日本語教育部門、二松学舎大学文学部、東洋大学国際教育センター、東京海洋大学海洋工学部　非常勤講師

翻訳
英語　スリーエーネットワーク、中国語　鄭文全、ベトナム語　Lê Trần Thư Trúc

イラスト　広野りお
装丁・本文デザイン　梅津由子

JLPT 文字・語彙 N5 ポイント&プラクティス

2023年10月17日　初版第1刷発行

著　者　本田ゆかり　前坊香菜子　菅原裕子　関裕子
発行者　藤嵜政子
発　行　株式会社スリーエーネットワーク
〒102-0083　東京都千代田区麹町3丁目4番
トラスティ麹町ビル2F
電話　営業　03（5275）2722
編集　03（5275）2725
https://www.3anet.co.jp/
印　刷　萩原印刷株式会社

ISBN978-4-88319-928-0　C0081

日本語能力試験対策問題集

JLPT
文字・語彙
N5
ポイント
&
プラクティス

別冊（べっさつ）

解答・解説（かいとう・かいせつ）

Answers and explanations

答案・解析

Đáp án và giải thích đáp án

スリーエーネットワーク

1 回目 p.2 ～ p.3

1. 1) わたしは　ちゅうごくから　（　2　きました　）。

I'm from China. ／我来自中国。／ Tôi đến từ Trung Quốc.

✦ 1「います：be ／在，有／ có, ở」、4「たべます」➔5 回目(かいめ)

2) A「はじめまして。おなまえは？」

B「タンです。（　2　どうぞ　よろしく　おねがいします　）。」

A: "How do you do? What's your name?" B: "I'm Tan. Nice to meet you." ／ A："初次见面。你叫什么名字？" B："我是小谭。请多多关照。" ／ A: "Xin chào. Tên bạn là gì?" B: "Tôi tên là Tan. Hân hạnh được làm quen."

✦ 1「どうも　ありがとう　ございます：Thank you very much. ／谢谢。／ Xin cảm ơn.」、

3「おやすみなさい：Good night. ／晚安。／ Chúc ngủ ngon.」、4「わかりません」➔7 回目(かいめ)

3) わたしは　だいがくで　（　4　はたらいて　）　います。

I work at a university. ／我在大学工作。／ Tôi đang làm việc tại trường đại học.

✦ 1「きて→きます」、2「すんで→すみます」➔3 回目(かいめ)、

3「つとめて→つとめます」、4「はたらいて→はたらきます」

4) やまださんは　にほんごの　（　2　せんせい　）です。

Mr. Yamada is a Japanese language teacher. ／山田是日语老师。／ Thầy Yamada là giáo viên tiếng Nhật.

✦ 3「がっこう：school ／学校／ trường học」

5) にほんごは　（　2　すこし　）　わかります。

I understand Japanese a little. ／我懂一点儿日语。／ Tôi hiểu được một ít tiếng Nhật.

✦ 1「あまり」➔4 回目(かいめ)、3「ゆっくり」➔7 回目(かいめ)、4「とても：very ／很／ rất」

✦ 4「とても」：×「とても＋［動詞(どうし)（verb ／动词／ động từ）］」

○「とても＋［形容詞(けいようし)（adjective ／形容词／ tính từ）］」

2. 1) 2　きょう　しごとは　やすみです。

きょう　わたしの　かいしゃは　やすみです。

My company is closed today. ／我公司今天放假。／ Hôm nay công ty của tôi nghỉ.

✦ 1「がっこう：school ／学校／ trường học」、4「べんきょう：study ／学习／ việc học」

2) 1　がっこうで　はたらいて　います。

がっこうに　つとめて　います。

I work at a school. ／我在学校工作。／ Tôi đang làm việc tại trường học.

✦1「はたらいて→はたらきます」、2「べんきょうして→べんきょうします：study／学习／học」、3「あそんで→あそびます：play／玩儿／chơi」、4「あって→あいます」➔4回目

✦「～<u>で</u>　はたらきます」「～<u>に</u>　つとめます」

3.　1）3

2）2

3）1　　✦2「言いました」➔7回目、3「買いました」➔11回目

4.　1）1

2）1　　✦1～4「日（ニチ、か、ひ）」➔6回目、1～4「本（ホン）」➔13回目、2「話（ワ、はな・す）」➔7回目、3「言（い・う、こと）」➔7回目

3）3　　✦1～4「切（セツ、き・る、き・れる）」、
1「人（ジン、ニン、ひと）」➔13回目、
2「入（はい・る、い・れる）」➔10回目、
4「天（テン）」➔16回目

2 回目　p.4～p.5

1.　1）わたしの　あねは　（　4　やさしい　）です。

My elder sister is kind.／我的姐姐很温柔。／Chị tôi hiền.

✦1「あたらしい」➔3回目、2「ひろい」➔3回目

2）おとうとと　いもうとは　（　1　かわいい　）です。

My younger brother and sister are cute.／弟弟和妹妹很可爱。／Em trai và em gái tôi dễ thương.

✦2「ふるい」➔3回目、3「あまい」➔9回目

3）わたしの　（　3　きょうだい　）は　あにと　いもうとです。

My siblings are my elder brother and younger sister.／我有哥哥和妹妹。／Tôi có anh và em gái.

4）おばと　いっしょに　（　1　しゃしん　）を　とりました。

I took a picture with my aunt.／我和姨妈一起拍了照片。／Tôi chụp ảnh cùng dì.

✦2「かいもの」➔4回目、3「しつもん」➔7回目、4「りょこう」➔17回目

5) ちちは　せが　(　2　たかい　) です。

My father is tall. ／父亲个子高。／ Cha tôi cao.

✦ 1「とおい」➜3回目、4「みじかい：short／短／ ngắn」

2. 1) 1　これは　ちちの　あにの　しゃしんです。

<u>これは　おじの　しゃしんです。</u>

This is a photo of my uncle. ／这是伯伯的照片。／ Đây là ảnh của chú tôi.

2) 2　わたしは　きょうだいが　います。

<u>わたしは　あにと　おとうとが　います。</u>

I have an elder brother and a younger brother. ／我有哥哥和弟弟。／ Tôi có anh và em trai.

3. 1) 1　2) 4　3) 2

4. 1) 2　✦ 1「白（しろ、しろ・い）」➜11回目、3「黒（くろ、くろ・い）」➜11回目、4「広（ひろ・い）」➜3回目

2) 3　✦ 1「人（ジン、ニン、ひと）」➜13回目、2「子（シ、こ）」➜9回目、4「友（とも）」➜4回目

3 回目　p.6 〜 p.7

1. 1) となりの　(　1　へや　) に　ともだちが　すんで　います。

A friend of mine lives in the next room. ／朋友住在隔壁。／ Bạn tôi sống trong căn phòng kế bên.

2) あたらしい　(　2　アパート　) に　すみたいです。

I want to live in a new apartment. ／我想住在新的公寓里。／ Tôi muốn sống trong căn hộ chung cư mới.

✦ 1「プール」➜4回目、4「シャワー：shower／淋浴／ vòi sen」

3) ここは　えきが　ちかくて、(　3　べんり　) です。

The station is near here, so it is convenient. ／这里离车站近，生活便利。／ Chỗ này gần ga nên tiện lợi.

✦ 4「げんき」➜20回目

4) びょういんの　(　2　まえ　) に　だいがくが　あります。

There is a university in front of the hospital. ／医院的前面有所大学。／ Trường đại học nằm phía trước bệnh viện.

✦ 4「みち」➜14回目

5）わたしの　へやは　２（　１　かい　）に　あります。

My room is on the second floor. ／我的房间在二楼。／ Phòng của tôi ở tầng 2.

✦２「～はい」➔5回目、３「～ふん」➔まとめ「時を表す言葉」、
４「～まい」➔11回目

2. １）３　えきの　ちかくに　びょういんが　あります。

えきの　そばに　びょういんが　あります。

There is a hospital near the station. ／车站旁边有家医院。／ Bệnh viện nằm gần nhà ga.

✦１「なか」・２「そと」・４「うえ」➔まとめ「位置や方向を表す言葉」

２）１　この　へやは　あかるくないです。

この　へやは　くらいです。

This room is dark. ／这个房间光线昏暗。／ Căn phòng này tối.

3. １）３

２）１

３）４　✦２「白い」➔11回目

4. １）２　✦１「赤（あか、あか・い）」➔11回目、３「日（ニチ、か、ひ）」➔6回目、
４「月（ガツ、ゲツ、つき）」➔8回目

２）１　✦２「車（シャ、くるま）」➔15回目、３「本（ホン）」➔13回目

３）２

4 回目　p.8 ～ p.9

1. １）ときどき　ピアノを　（　４　ひきます　）。

I sometimes play the piano. ／我偶尔弹钢琴。／ Thỉnh thoảng tôi chơi đàn piano.

２）きょう　かいものに　（　３　いきます　）。

I will go shopping today. ／我今天去购物。／ Hôm nay tôi sẽ đi mua sắm.

✦１「います：be／在，有／ có, ở」、２「みます」➔6回目

3) わたしは　（　1　あまり　）　スポーツを　しません。

I don't play sports much. ／我不太运动。／ Tôi không hay chơi thể thao lắm.

✦3「ちょっと」➔5回目、4「よく：often／经常／ thường」

✦4「よく」：×「よく～しません」 ○「よく～します」

4) あした　あねと　テニスを　（　3　します　）。

I will play tennis with my elder sister tomorrow. ／我明天和姐姐打网球。／ Ngày mai tôi sẽ chơi tennis với chị tôi.

✦4「たべます」➔5回目

5) きのう　（　4　プール　）で　100メートル　およぎました。

I swam 100 meters in the pool yesterday. ／我昨天在游泳池游了100米。／ Hôm qua tôi đã bơi 100m ở hồ bơi.

✦2「シャワー：shower／淋浴／ vòi sen」、3「ギター：guitar／吉他／ đàn guitar」

2. 1) 2　あしたは　しごとに　いきません。

あしたは　しごとが　やすみです。

I have the day off work tomorrow. ／明天不上班。／ Ngày mai tôi được nghỉ làm.

✦4「すくない」➔17回目

2) 1　いつも　かぞくと　ばんごはんを　たべます。

まいにち　かぞくと　ばんごはんを　たべます。

I eat dinner with my family every day. ／我每天和家人吃晚饭。／ Tôi ăn tối cùng gia đình mỗi ngày.

3. 1) 3　✦2「書きました」➔7回目、4「見ました」➔6回目

2) 1

3) 4

4. 1) 2　✦1「体（タイ、からだ）」、3「本（ホン）」➔13回目、
4「木（モク、き）」➔8回目

2) 4　✦1「作（サク、つく・る）」➔13回目、2「仕（シ）」、
3「働（ドウ、はたら・く）」

1. 1) わたしは　あさ　パンを　（　2　たべます　）。

I eat bread in the morning.／我早上吃面包。／Tôi ăn bánh mì vào buổi sáng.

2) こうちゃに　さとうを　（　2　いれます　）。

I have sugar in tea.／红茶里放入糖。／Tôi cho đường vào trà đen.

3) あさごはんは　パンと　（　3　ごはん　）と　どちらを　たべますか。

Which do you have with breakfast, rice or bread?／早饭你吃面包还是米饭?／Bạn ăn bánh mì hay cơm vào bữa sáng?

4) にほんの　（　1　おちゃ　）を　のみました。

I drank Japanese tea.／我喝了日本的茶。／Tôi đã uống trà của Nhật.

✦3「りょうり」➔9回目、4「やさい」➔9回目

5) みずを　1（　3　ぱい　）ください。

A glass of water, please.／请给我一杯凉水。／Làm ơn cho một ly nước!

✦1「～じ」➔まとめ「時を表す言葉」、2「～まい」➔11回目、

4「～だい」➔まとめ「数え方」

2. 1) 1　あさ　なにを　たべましたか。

あさごはんは　なんでしたか。

What did you have for breakfast?／你早饭吃了什么?／Bạn đã ăn sáng món gì?

✦1・2「なに」➔まとめ「疑問詞」、3「なんじ」➔まとめ「疑問詞」、

3「おきます」➔6回目、4「かいます」➔11回目

2) 2　おちゃを　すこし　のみました。

おちゃを　ちょっと　のみました。

I drank a little tea.／我喝了一点儿茶。／Tôi đã uống một ít trà.

✦1「たくさん」➔8回目、3「いっしょに：together／一起／cùng nhau」、

4「ゆっくり」➔7回目

3. 1) 3　2) 4　3) 2

4. 1) 1　✦2「日（ニチ、か、ひ）」➔6回目、4「言（い・う、こと）」➔7回目

2) 1　✦4「今（コン、いま）」➔8回目

3) 3

6 回目　p.12 ～ p.13

1.

1) まいにち　シャワーを　（　1　あびます　）。

I shower every day. ／我每天洗淋浴。／ Tôi tắm vòi sen mỗi ngày.

2) きのう　かぞくに　でんわを　（　3　しました　）。

I phoned my family yesterday. ／我昨天给家人打电话了。／ Hôm qua tôi đã gọi điện thoại cho gia đình.

3) ゆうがた　なんじに　うちに　（　2　かえります　）か。

What time do you return home in the evening? ／傍晚你几点回到家? ／ Buổi tối bạn về nhà lúc mấy giờ?

4) わたしは　あまり　テレビを　（　4　みません　）。

I don't watch much TV. ／我不太看电视。／ Tôi không hay xem TV lắm.

5) ひるごはんの　あとで、ほんを　（　3　よみます　）。

After lunch, I read a book. ／吃完午饭后看书。／ Tôi đọc sách sau bữa trưa.

2.

1) 2　しごとを　してから、プールに　いきます。

しごとの　あとで、プールに　いきます。

After work, I go to the pool. ／下班后去游泳池游泳。／ Tôi đi đến hồ bơi sau giờ làm việc.

2) 1　ゆうがた　かいものに　いきます。

ごご　5じに　かいものに　いきます。

I will go shopping at 5 p.m. ／下午 5 点去购物。／ Tôi đi mua sắm lúc 5 giờ chiều.

✦3「あさって」➔8回目

3.

1) 4　✦1「月よう日」・2「火よう日」・3「土よう日」➔8回目

2) 4

3) 3

4.

1) 2　✦1「目（め）」➔20回目、4「買（か・う）」➔11回目

2) 1　✦3・4「目（め）」➔20回目

回目 p.14～p.15

1. 1) まいにち　かんじを　いつつ　（　1　おぼえます　）。

I memorize five *kanji* every day. ／每天记 5 个汉字。／ Mỗi ngày tôi học thuộc 5 Hán tự.

2) にほんごが　あまり　わかりませんから、（　4　ゆっくり　）　はなして　ください。

I don't understand Japanese very well, so please speak slowly. ／我日语听不太懂，请慢慢说。
Tôi chưa biết nhiều tiếng Nhật lắm nên hãy nói chậm lại.

3) よく　きこえませんから、（　1　おおきい　）　こえで　いって　ください。

I can't hear you very well, so please speak louder. ／我听不清楚，请大点儿声说。／ Tôi không nghe rõ lắm nên hãy nói lớn lên.

4) わかりませんから、せんせいに　（　4　しつもん　）します。

As I don't understand, I'll ask my teacher. ／我不明白，所以问了老师。／ Vì không hiểu nên tôi sẽ hỏi giáo viên.

5) せんせいの　こえが　（　3　きこえます　）か。

Can you hear the teacher's voice? ／你听得到老师的声音吗？／ Bạn có nghe được tiếng giáo viên không?

2. 1) 3　この　ほんは　むずかしくないです。

この　ほんは　やさしいです。

This book is easy. ／这本书很好懂。／ Cuốn sách này dễ.

2) 3　ききたい　ことは　ありますか。

しつもんは　ありますか。

Do you have any questions? ／有问题吗？／ Có câu hỏi không?

✦ 1「おぼえた→おぼえます」、2「わかった→わかります」、
3「ききたい→ききます」、4「はなしたい→はなします」

3. 1) 2　✦ 3「聞いて」➔14回目

2) 2

3) 1

4. 1) 1

2) 3　✦ 1「少（すく・ない、すこ・し）」➔17回目、4「川（かわ）」➔17回目

3) 2　✦ 1「合（ゴウ、あ・う）」、4「金（キン、かね）」➔8回目

8 回目　p.16～p.17

1. 1) きのうは　がっこうを　（　3　やすみました　）。

I was absent from school yesterday. ／我昨天没去上学。／ Hôm qua tôi đã nghỉ học.

2) こんしゅうは　かんじを　（　2　たくさん　）　おぼえました。

I learnt a lot of *kanji* this week. ／我这周记了很多汉字。／ Tuần này tôi đã học thuộc nhiều Hán tự.

✧ 3「とても：very ／很／ rất」、4「まっすぐ」➔14 回目(かいめ)

✧ 3「とても」：✕「とても＋［動詞(どうし)（verb ／动词／ động từ）］」

○「とても＋［形容詞(けいようし)（adjective ／形容词／ tính từ）］」

3) あしたは　かいしゃが　やすみですから、（　2　ひま　）です。

My company will be closed tomorrow, so I'll be free. ／我明天不上班，有空。／ Ngày mai công ty nghỉ nên tôi rảnh rỗi.

✧ 1「きれい」➔11 回目(かいめ)・19 回目(かいめ)、4「ゆうめい」➔17 回目(かいめ)

4) きょうは　きんようびですから、（　1　あさって　）は　にちようびです。

Today is Friday, so the day after tomorrow is Sunday. ／今天是周五，所以后天是周日。
Hôm nay là thứ Sáu nên ngày mốt là Chủ nhật.

5) がっこうは　4がつから　（　4　はじまります　）。

School starts in April. ／学校 4 月开学。／ Trường bắt đầu học từ tháng 4.

2. 1) 1　きのうは　はたらきませんでした。

きのうは　しごとを　やすみました。

I took the day off from work yesterday. ／我昨天没上班。／ Hôm qua tôi nghỉ làm.

✧ 2「べんきょうします：study ／学习／ học」、3「あそびます：play ／玩儿／ chơi」

2) 4　きょうの　よる　いっしょに　ごはんを　たべませんか。

こんばん　いっしょに　ごはんを　たべませんか。

Shall we have dinner together tonight? ／今晚一起吃个饭吧？／ Tối nay chúng ta cùng dùng bữa nhé?

✧ 1・3「あさ：morning ／早上／ sáng」、2・4「よる：night ／晚上／ tối」

3. 1) 2

2) 1　✧ 3「お茶(ちゃ)」➔11 回目(かいめ)

3) 3

4. 1）3

2）1　✧2「万（マン）」➔12回目、3「分（ブン、フン、わ・かる）」➔13回目

3）4

9 回目　p.18～p.19

1. 1）わたしは　まいにち（　4　やさい　）を　たべます。

I eat vegetables every day.／我每天吃蔬菜。／Tôi ăn rau củ mỗi ngày.

2）（　2　あまい　）ものを　たくさん　たべました。

I ate a lot of sweets.／我吃了很多甜食。／Tôi đã ăn nhiều đồ ngọt.

3）A「からい　ものを　たべますか。」

B「いいえ、（　1　きらい　）ですから、あまり　たべません。」

A: "Do you eat spicy food?" B: "No, I don't like it, so I don't eat it much."／A："你吃辣的吗？"　B："不吃。我讨厌辣的，所以不太吃。"／A: "Bạn có ăn đồ cay không?" B: "Không, tôi ghét chúng nên không hay ăn cho lắm."

4）こんばん（　3　さかな　）を　たべましょう。

Let's eat fish tonight.／今晚吃鱼吧。／Tối nay ăn cá nào.

5）この　こうちゃは（　1　あまい　）です。

This black tea is sweet.／这种红茶很甜。／Trà đen này ngọt.

2. 1）3　チョコレートを　かいました。

おかしを　かいました。

I bought sweets.／我买了点心。／Tôi đã mua bánh kẹo.

✧4「ピアノ：piano／钢琴／đàn piano」

2）2　この　りょうりは　きらいです。

この　りょうりは　すきじゃ　ありません。

I don't like this dish.／我不喜欢这个菜。／Tôi không thích món ăn này.

✧1「あつい」➔10回目、3「きれい」➔11回目・19回目、

4「たかい」➔12回目

3. 1）4　2）2　3）2

4. 1) 3 ✦1「円（エン）」➔12回目、2「同（おな・じ）」➔10回目、4「南（みなみ）」➔15回目

2) 2

10 回目 p.20 ～ p.21

1. 1) この　みせの　りょうりは　（　1　おいしい　）です。

The food at this restaurant is delicious. ／这家店的饭菜好吃。／ Món ăn của quán này ngon.

2) この　レストランは　ごぜん　11（　3　じ　）に　あきます。

This restaurant opens at 11 a.m. ／这家餐厅上午 11 点开门。／ Nhà hàng này mở cửa lúc 11 giờ sáng.

3) みせが　（　2　しまって　）　いますね。きょうは　やすみでしょうか。

The shop is closed, isn't it? Are they shut today? ／这家店关着门呢。今天不营业吗?
Cửa hàng đóng cửa rồi nhỉ. Chắc hôm nay nghỉ à?

✦1「あいて→あきます」、2「しまって→しまります」、3「ちがって→ちがいます：be wrong, be different ／不对，不同／ sai, nhầm」、4「はじまって→はじまります」

4) A「いっしょに　ひるごはんを　たべませんか。」

B「いいですね。じゃあ、あの　しょくどうに　（　4　はいりましょう　）。」

A: "Shall we have lunch together?" B: "Sounds good. Let's go into that restaurant." ／ A：“一起吃午饭吧?” B：“好啊。那么去那家食堂吧。” ／ A: "Cùng ăn trưa nhé!" B: "Được đó. Vậy ta vào nhà ăn đằng kia nào!"

✦1「あいましょう」：×「[場所（place ／地点／ địa điểm）] に会います」
○「[場所] で会います」
○「[人（person ／人／ người）] に会います」

5) あついですから、（　3　つめたい　）　みずが　のみたいです。

It's hot, so I want to drink cold water. ／天热所以我想喝凉的水。／ Trời nóng nên tôi muốn uống nước lạnh.

2. 1) 3 「コーヒーを　おねがいします。」

「コーヒーを　ください。」

"Coffee, please." ／ “请给我杯咖啡。” ／ "Làm ơn cho tôi cà phê."

✦1「コーヒーは　ちょっと。：Coffee is a bit... ／咖啡我不太想喝。／ Cà phê thì xin kiếu.」、

2「コーヒーは　どうですか。：How about some coffee? ／要不要喝杯咖啡? ／ Cà phê thì sao?」、

4「コーヒーを　どうぞ。：Have some coffee. ／请喝咖啡。／ Mời dùng cà phê.」

2) 1　この　りょうりは　おいしくないです。

この　りょうりは　まずいです。

This dish tastes bad. ／这个菜难吃。／ Món ăn này dở.

✦ 2「たかい」➔12回目

3.　1) 4　2) 4　3) 3

4.　1) 3　✦ 1「円（エン）」➔12回目、2「回（カイ、まわ・る、まわ・す）」

2) 1　✦ 3・4「持（ジ、も・つ）」

3) 1

11 回目　p.22 〜 p.23

1.　1) ははの　たんじょうびに　（　1　きれいな　）　はなを　かいました。

I bought beautiful flowers for my mother's birthday. ／妈妈过生日时我买了漂亮的花。／ Tôi đã mua hoa đẹp vào sinh nhật mẹ tôi.

✦ 2「しずかな：quiet／安静／ yên tĩnh」、3「たいせつな」➔18回目

2) やさいは　いつも　この　みせで　（　2　かって　）　います。

I always buy vegetables at this store. ／我总是在这家店买菜。／ Tôi thường mua rau củ ở cửa hàng này.

✦ 1「かいて→かきます」、2「かって→かいます」、
3「はじまって→はじまります」、4「はたらいて→はたらきます」

3) ちゃいろの　（　1　くつ　）を　はいて　います。

I am wearing brown shoes. ／穿着茶色的鞋子。／ Tôi đang mang giày màu nâu.

✦ 2「とけい」➔18回目

4) みせで　シャツを　2（　4　まい　）　えらびました。

I chose two shirts in the shop. ／我在店里挑选了２件衬衫。／ Tôi đã chọn 2 cái áo sơ mi ở cửa hàng.

✦ 1「〜さい」・2「〜だい」➔まとめ「数え方」

5) この　かばんは　とても　（　2　かるい　）です。

This bag is very light. ／这个包非常轻便。／ Cái túi xách này rất nhẹ.

2. 1）4　その　シャツは　どこで　かいましたか。

その　ふくは　どこで　かいましたか。

Where did you buy those clothes? ／那件衣服是在哪里买的？ ／ Bạn mua quần áo đó ở đâu vậy?

✦ 1「ギター：guitar／吉他／ đàn guitar」、2「えんぴつ：pencil／铅笔／ bút chì」

2）3　この　パソコンは　かるいです。

この　パソコンは　おもくないです。

This computer isn't heavy. ／这台电脑不重。／ Máy tính này không nặng.

✦ 2「おもしろい」➔17回目（かいめ）

3. 1）3　2）3　3）1

4. 1）2　2）4　3）4

12 回目　p.24 ～ p.25

1. 1）そとは　さむいですから、（　1　うわぎ　）を　きましょう。

It's cold outside, so let's put on jackets. ／外面冷，穿上外套吧。／ Ngoài trời lạnh nên mặc áo khoác nào.

✦ 4「とけい」➔18回目（かいめ）

2）A「これは　いくらですか。」

B「100（　1　えん　）です。」

A: "How much is this?" B: "It's a hundred yen." ／ A："这个多少钱？"　B："100 日元。"
A: "Cái này bao nhiêu tiền?" B: "100 yen."

✦ 2「～にん」・3「～ねん」➔まとめ「数え方（かぞえかた）」

3）その　みせは　ちかいですから、（　1　あるいて　）　いきましょう。

The store is near, so let's walk. ／那家店很近，走着去吧。／ Cửa hàng đó ở gần đây nên đi bộ nào.

✦ 1「あるいて→あるきます」、2「きて→きます」、3「すんで→すみます」、4「みえて→みえます」

4）ここで　くつを　（　4　ぬいで　）　ください。

Please take off your shoes here. ／请在这里脱鞋。／ Hãy cởi giày ở đây.

✦ 1「あるいて→あるきます」、2「きて→きます」、3「して→します」、4「ぬいで→ぬぎます」

5）ぎゅうにくを　300（　1　グラム　）　ください。

Three hundred grams of beef, please. ／请给我 300 克牛肉。／ Làm ơn bán cho 300g thịt bò.

✦ 2「～にん」➔まとめ「数え方（かぞえかた）」

2. 1）4　あには　ちちに　ほんを　もらいました。

ちちは　あにに　ほんを　あげました。

My father gave my elder brother a book. ／父亲给了哥哥一本书。／ Cha tôi đã cho anh tôi sách.

✦ 3「かります」➔18 回目（かいめ）

2）4　この　ぎゅうにゅうは　やすくないです。

この　ぎゅうにゅうは　たかいです。

This milk is expensive. ／这种牛奶很贵。／ Sữa này đắt tiền.

3. 1）2　　2）4　　3）4

4. 1）1

2）3

3）2　✦ 1「力（リョク、ちから）」、3「方（ホウ、かた）」、

4「分（ブン、フン、わ・かる）」➔13 回目（かいめ）

13 回目　p.26 ～ p.27

1. 1）らいしゅう　わたしの　うちで　（　4　パーティー　）を　します。

I will have a party at my house next week. ／下周在我家里举办派对。／ Tuần sau tôi mở tiệc ở nhà mình.

2）パーティーが　ありますから、うちから　おかしを　（　4　もって　いきます　）。

As there is a party, I'll bring some sweets from home. ／要参加派对，所以我从家里带点心过去。
Vì có tiệc nên tôi mang bánh kẹo từ nhà đi.

3）あした　うちに　ともだちが　3（　3　にん　）　きます。

Three friends of mine will come to my house tomorrow. ／明天我家里会来 3 位朋友。／ Ngày mai có 3 người bạn đến nhà tôi.

4）となりの　へやから　ケーキを　（　4　もって　きて　）　ください。

Please bring the cake from the next room. ／请从隔壁房间把蛋糕拿过来。／ Hãy mang bánh kem từ phòng kế bên đến đây.

✦ 1「かいて→かきます」、2「きて→きます」、3「でて→でます」、

4「もって　きて→もって　きます」

5）テーブルに　コップを　（　4　ならべて　）　ください。

Please arrange the glasses on the table. ／请在桌子上摆上杯子。／ Hãy xếp cốc lên bàn.

✦1「あらって→あらいます」➔19回目、2「いれて→いれます」、3「のんで→のみます」、4「ならべて→ならべます」

2. 1）3　おいしい　パンを　やっつ　かいました。

おいしい　パンを　8こ　かいました。

I bought eight delicious buns. ／我买了 8 个好吃的面包。／ Tôi đã mua 8 ổ bánh mì ngon.

2）2　のみものは　たくさん　あります。

のみものは　じゅうぶん　あります。

We have enough drinks. ／饮料足够多。／ Có đủ đồ uống.

3. 1）4　2）2　3）4

4. 1）2

2）2　✦3「使（シ、つか・う）」、4「持（ジ、も・つ）」

1. 1）この　まちの　（　3　ちず　）を　かいました。

I bought a map of this town. ／我买了这座城市的地图。／ Tôi đã mua bản đồ của thị trấn này.

✦4「てんき」➔16回目

2）まいにち　この　はしを　（　4　わたって　）　がっこうへ　いきます。

I cross this bridge every day to go to school. ／我每天穿过这座桥去上学。／ Mỗi ngày tôi băng qua cầu đi đến trường.

✦1「きて→きます」、2「でて→でます」、3「はいって→はいります」、4「わたって→わたります」

3）うちから　えきまで　あるいて　5ふん　（　2　かかります　）。

It takes five minutes to walk from my house to the station. ／从家走到车站花费 5 分钟。／ Từ nhà đến ga mất 5 phút đi bộ.

4）つぎの　こうさてんを　みぎに　（　3　まがって　）　ください。

Please turn right at the next intersection. ／请在下一个十字路口右转。／ Hãy rẽ phải ở ngã tư kế tiếp.

1「かかって→かかります」、2「しまって→しまります」、
3「まがって→まがります」、4「もらって→もらいます」

5) この　みちを　（　4　まっすぐ　）　いきます。

I go straight along this road. ／沿着这条路直走。／ Đi thẳng đường này.

6) こうばんと　がっこうの　（　1　あいだ　）に　みちが　あります。

There is a road between the police box and the school. ／在派出所和学校之间有条马路。
Có đường nằm giữa đồn cảnh sát và trường học.

4「はなし：story, talk ／说话／ chuyện」

2. 1) 2　この　みちは　ひろくないです。

この　みちは　ほそいです。

This road is narrow. ／这条路很窄。／ Đường này hẹp.

3. 1) 1　2) 4　3) 2

4. 1) 4　1「運（ウン、はこ・ぶ）」、2「通（ツウ、とお・る）」

2) 2

3) 3　1「門（モン）」

15 回目　p.30 ～ p.31

1. 1) えきまで　とおいですから、タクシーを　（　4　よびました　）。

It's a long way to the station, so I have called a taxi. ／车站很远，我叫了出租车。／ Nhà ga ở xa nên tôi đã gọi taxi.

2) あたらしい　（　2　じてんしゃ　）を　かって、のって　います。

I bought a new bicycle and am riding it. ／我买了新自行车骑着。／ Tôi mua xe đạp mới và đang chạy nó.

3) ふたつめの　えきで　でんしゃを　（　1　おります　）。

I will get off the train at the second station. ／在第二个车站下车。／ Tôi xuống tàu điện ở ga thứ hai.

4) まいにち　（　4　でんしゃ　）で　がっこうへ　いきます。

I go to school by train everyday. ／每天坐电车去学校。／ Mỗi ngày tôi đi đến trường bằng tàu điện.

5) まいにち　あさ　8じの　でんしゃに　（　3　のります　）。

I take the 8 o'clock train every morning. ／我每天乘坐早上 8 点的电车。／ Tôi lên chuyến tàu điện 8 giờ sáng mỗi ngày.

2.　1）2　いえの　まえに　くるまが　あります。

いえの　まえに　くるまが　とまって　います。

A car is parked in front of the house. ／我家前面停了一辆汽车。／ Có xe hơi đang dừng trước nhà.

✦4「ならびます：line up, queue ／排，摆／ xếp hàng」

2）4　ちちは　10じに　いえを　でました。

ちちは　10じに　でかけました。

Father left at 10 o'clock. ／父亲 10 点出的门。／ Cha tôi đã ra ngoài lúc 10 giờ.

3.　1）2　2）1　3）4

4.　1）1　✦2「早（ソウ、はや・い）」

2）3

3）3

16 回目　p.32 ～ p.33

1.　1）きょうは　くもりですから、（　3　そら　）が　くらいです。

It's cloudy today, so the sky is dark. ／今天阴天，天空很暗。／ Hôm nay nhiều mây nên trời tối.

2）（　4　ゆき　）で　やまが　しろく　なりました。

The mountains are white with snow. ／下雪了，山变成了白色。／ Núi trắng xóa vì tuyết.

3）（　2　かさ　）を　さして　あるきます。

I will walk with an umbrella. ／打着伞走路。／ Tôi che dù đi bộ.

4）つよい　かぜが　（　3　ふいて　）　います。

A strong wind is blowing. ／刮大风。／ Gió mạnh đang thổi.

✦1「はれて→はれます：be sunny ／晴朗／ trời nắng」、2「さして→さします」、3「ふいて→ふきます」、4「ふって→ふります」

5）きょうは　ゆきが　ふって、とても　（　2　さむい　）です。

It's snowing today, so it's very cold. ／今天下雪，非常冷。／ Hôm nay tuyết rơi nên rất lạnh.

✦「寒(さむ)い」は、気温(きおん)、室温(しつおん)が低(ひく)いと感(かん)じるときに使(つか)います。例(れい)）寒(さむ)い部屋(へや)、寒(さむ)い冬(ふゆ)

「冷(つめ)たい」は、物(もの)、風(かぜ)などに触(ふ)れて、その温度(おんど)が低(ひく)いと感(かん)じるときに使(つか)います。例(れい)）冷(つめ)たい水(みず)、冷(つめ)たい手(て)、冷(つめ)たい風(かぜ)

「寒い」is used when you feel that the air or room temperature is low. Examples: 寒い部屋、寒い冬
「冷たい」is used when you feel that the temperature of an object, wind, etc., is low. Examples: 冷たい水、冷たい手、冷たい風
“寒い”用于感觉气温、室内温度低的时候。例如，寒い部屋、寒い冬
“冷たい”用于触摸到东西、风、空气等时感觉到其温度低时。例如，冷たい水、冷たい手、冷たい風
“寒い” dùng khi cảm thấy nhiệt độ không khí, nhiệt độ phòng thấp. Ví dụ: 寒い部屋、寒い冬
“冷たい” dùng khi tiếp xúc với vật, gió v.v. và cảm thấy nhiệt độ của chúng thấp. Ví dụ: 冷たい水、冷たい手、冷たい風

2. 1）3　きょうも　あめが　ふります。

きょうも　あめが　やみません。

It won't stop raining today, either. ／今天雨也一直下个不停。／ Hôm nay mưa cũng không tạnh.

2）3　あしたは　てんきが　いいです。

あしたは　はれです。

It will be sunny tomorrow. ／明天晴天。／ Ngày mai trời nắng.

✧4「わるい」➔20回目(かいめ)

3. 1）4　2）1　3）1

4. 1）3　✧2「究（キュウ、きわ・める）」

2）4　✧1～4「持（ジ、も・つ）」

17 回目　p.34 ～ p.35

1. 1）ここは（　4　ゆうめいな　）レストランで　りょうりが　おいしいです。

This is a famous restaurant and they have delicious food. ／这家餐厅很有名，饭菜好吃。
Nơi này là nhà hàng nổi tiếng và có món ăn ngon.

✧3「たいへんな」➔18回目(かいめ)

2）5ねん（　4　まえ　）に、にほんの　おじの　いえに　いきました。

Five years ago, I went to my uncle's house in Japan. ／我 5 年前去过日本的叔叔家。
5 năm trước tôi đã đi đến nhà của chú tôi ở Nhật.

3）あした　あの（　4　やま　）に　のぼります。

I'll climb that mountain tomorrow. ／明天攀登那座山。／ Ngày mai tôi sẽ leo núi kia.

4）ともだちと　おおさかへ（　4　りょこう　）しました。

I traveled to Osaka with a friend of mine. ／我和朋友去大阪旅游了。／ Tôi đã đi du lịch cùng bạn đến Osaka.

✧2「べんきょう：study／学习／việc học」、3「そうじ」➔19回目(かいめ)

5) りょこうに　いって、(　1　うみ　) で　およぎました。

I went on a trip and swam in the sea. ／我去旅游了，在大海里游了泳。／ Tôi đã đi du lịch và bơi ở biển.

2. 1) 2　たかい　ビルから　まちを　みます。

たかい　たてものから　まちを　みます。

I look at the town from the tall building. ／从高的建筑物看城市。／ Tôi ngắm cảnh thị trấn từ tòa nhà cao.

2) 3　この　えいがは　つまらなかったです。

この　えいがは　おもしろくなかったです。

This film was not interesting. ／这部电影没意思。／ Bộ phim này không hay.

3. 1) 4　2) 1　3) 2

4. 1) 2　✦ 1「上 (うえ、うわ)」➔19 回目(かいめ)、4「止 (シ、と・まる、と・める)」

2) 4

18 回目　p.36 〜 p.37

1. 1) はさみで　かみを　(　2　きります　)。

I cut the paper with scissors. ／用剪刀剪纸。／ Tôi cắt giấy bằng kéo.

✦ 1「おきます」➔19 回目(かいめ)、3「はります：put, stick ／粘贴／ dán」

2) (　4　とけい　) が　ありませんから、じかんが　わかりません。

I don't have a watch, so I don't know the time. ／没有钟表，所以不知道时间。／ Không có đồng hồ nên tôi không biết giờ.

3) しごとが　いそがしくて、(　2　たいへん　) です。

I'm busy at work and it's tough. ／工作忙，很辛苦。／ Công việc bận rộn nên vất vả.

4) じゅうしょを　(　1　おしえて　)　ください。

Please tell me your address. ／请告诉我地址。／ Hãy cho biết địa chỉ.

✦ 1「おしえて→おしえます」、2「つとめて→つとめます」、
3「まがって→まがります」、4「やすんで→やすみます」

5) でんきを　(　3　けして　)、へやを　くらく　します。

I turn off the light and darken the room. ／关灯把房间光线调暗。／ Tôi tắt đèn để làm phòng tối đi.

✧１「おして→おします：push／按压／ấn」、２「きいて→ききます」、
３「けして→けします」、４「つけて→つけます」

2. 1）４　リンさんは　やまださんに　かさを　かしました。

やまださんは　リンさんに　かさを　かりました。

Mr. Yamada borrowed an umbrella from Mr. Lin.／山田向阿玲借伞。／Yamada đã mượn Rin cây dù.

2）３　テレビを　つけて、ごはんを　たべます。

テレビを　みながら　ごはんを　たべます。

I eat while watching TV.／边看电视边吃饭。／Tôi vừa ăn cơm vừa xem TV.

✧１「けして→けします」、２「おいて→おきます」➔19回目、
３「つけて→つけます」、４「かたづけて→かたづけます：clean, tidy up／收拾／dọn dẹp」

3. 1）２　2）３　3）２

4. 1）２　2）１　3）１

19 回目　p.38 ～ p.39

1. 1）さむいですから、まどを（　３　しめて　）ください。

It's cold, so please close the window.／天冷，请关上窗户。／Trời lạnh nên làm ơn đóng cửa sổ lại.

✧１「とって→とります」、２「けして→けします」、３「しめて→しめます」、
４「だして→だします」

2）まどの　そばに　つくえを（　２　おいて　）ください。

Please put the desk by the window.／请把书桌放到窗户边上。／Hãy đặt cái bàn cạnh cửa sổ.

✧１「あげて→あげます」、２「おいて→おきます」、３「しめて→しめます」、
４「とめて→とめます：stop／停止／dừng」

3）きたない　くつを（　１　あらって　）、きれいに　します。

I'll wash the dirty shoes and make them clean.／把脏鞋子洗干净。／Tôi giặt giày bẩn để làm sạch chúng.

✧１「あらって→あらいます」、２「けして→けします」、３「おいて→おきます」、
４「しめて→しめます」

4)（　1　ごみ　）が　たくさん　ありますから、そうじしましょう。

There's a lot of garbage, so let's clean it up. ／垃圾太多，打扫一下吧。／ Vì có nhiều rác nên ta cùng quét dọn nào.

5)（　3　まど　）を　あけて　へやを　そうじします。

I'll open the window and clean the room. ／打开窗户打扫房间。／ Tôi mở cửa sổ và quét dọn phòng.

2. 1) 4　ふくを　あらいました。

ふくを　せんたくしました。

I washed my clothes. ／洗了衣服。／ Tôi đã giặt quần áo.

✦ 3「かたづけます：clean, tidy up ／收拾／ dọn dẹp」

2) 2　へやを　きれいに　しました。

へやを　そうじしました。

I cleaned the room. ／打扫了房间。／ Tôi đã quét dọn phòng.

3. 1) 2　2) 2　3) 2

4. 1) 2　2) 4　3) 4

20 回目　p.40 ～ p.41

1. 1) あまり　ねて　いませんから、あたまが　（　1　いたい　）です。

I haven't slept much, so I have a headache. ／没太睡觉所以头痛。／ Tôi không ngủ đủ nên bị nhức đầu.

2) わたしの　ちちは　（　1　いしゃ　）です。

My father is a doctor. ／我父亲是医生。／ Cha tôi là bác sĩ.

3) くるまに　のって、（　2　きもち　）が　わるく　なりました。

I was in the car and began to feel sick. ／坐车感觉不舒服了。／ Tôi lên ô tô và thấy khó chịu trong người.

4)（　4　め　）が　わるいですから、よく　みえません。

I have bad eyesight, so I can't see very well. ／我眼睛不好所以看不清楚。／ Vì mắt kém nên tôi không thấy rõ.

5) ばんごはんの　あとで、この　くすりを　（　3　のみます　）。

I will take this medicine after dinner. ／晚饭后吃这个药。／ Tôi uống thuốc này sau khi ăn tối.

2. 1） 3　かぜを　ひきましたから、マスクを　つけます。

かぜを　ひきましたから、マスクを　します。

I've caught a cold, so I'll wear a mask. ／我感冒了，所以戴口罩。／ Vì bị cảm nên tôi đeo khẩu trang.

✦ 1「かえます：change ／更换／ thay」、2「とります：take off, remove ／取下／ tháo」、
4「はります：put, stick ／粘贴／ dán」

2） 1　たくさん　ねましたから、げんきです。

たくさん　ねましたから、ちょうしが　いいです。

I slept a lot, so I feel good. ／我睡了很久，所以身体状态很好。／ Nhờ tôi ngủ nhiều nên khỏe khoắn.

✦ 4「かぜ：cold ／感冒／ bệnh cảm」

3. 1） 2

2） 1　✦ 4「手（て）」

3） 4

4. 1） 1　2） 3

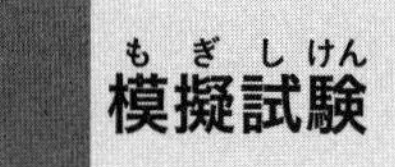

模擬試験（もぎしけん）　p.44 ～ p.47

もんだい 1

1	1	2	3	3	1	4	3	5	3	6	3	7	1

もんだい 2

8	3	9	2	10	2	11	2	12	2

もんだい 3

13	1	14	4	15	4	16	2	17	2	18	2

もんだい 4

19	1	20	3	21	1